科创企业知识产权战略与管理

——CXO的知识产权指南

王 雷 卢向华 等著

复旦大学出版社

来自 CXO 们的声音：

"知识产权进可攻、退可守，在激烈的商业竞争中扮演着非常关键的战略角色。对知识产权的战略管理能够助力科技创新型企业在研发创新和市场中赢得竞争优势；打铁还要自身硬，中国企业要尊重他人的知识产权，严格按照国际通行的知识产权规则处理知识产权事务，未来才能走得更稳、更远。"

——尹志尧

中微半导体设备(上海)股份有限公司董事长兼 CEO

"知识产权战略是高科技企业发展战略的重要组成部分，管理者高度重视知识产权工作者的专业建议将有利于企业的长期发展。"

——吴胜武

紫光展锐(上海)科技有限公司董事长

"知识产权的高质量保护和管理，是企业快速发展、技术不断进步的重要保障，也是企业的核心资产。本书以独特的视角，呈现了知识产权对不同行业、不同发展阶段的企业的动态价值，对 CXO 有较好的借鉴意义。"

——张建平

奥动新能源汽车科技有限公司联席董事长兼联席 CEO

"对于一个高科技企业来说，知识产权就是生产力、防火墙和核心竞争力！"

——黄晓庆

达闼机器人股份有限公司董事长兼 CEO

"知识产权对于科创企业的战略价值不言而喻,遗憾的是市面上鲜有具有指导意义的优质教材。本书透过企业管理视角,通过大量鲜活翔实的案例系统性地阐述了知识产权对科创企业的价值和战略意义,对于进一步激发中国科创企业的创新活力起到了积极的推动作用。"

——徐然

小米集团战略合作部总经理

"知识产权是智力劳动所创造价值的重要载体,是科创企业不可回避且可能会成为发展分水岭的关键问题。企业管理不仅仅要管理有形的价值创造活动,对于知识产权这类无形价值创造活动的管理意义更大、杠杆率更高。本书就知识产权的创造、保护、运营和持续创新进行了系统性的梳理,为科创企业负责人利用知识产权构建高级战略控制点提供了指引。"

——游玮

埃夫特智能装备股份有限公司总经理

"知识产权是保持科创企业持久竞争力的护城河。这是一本科创企业高层管理者必读的好书,为科创企业实现高效的知识产权管理提供了简明的框架,为科创企业实现知识产权的商业价值最大化提供了清晰的路径。"

——谢永林

苏州锐发打印技术有限公司 CEO

自 序

由于科研导向、市场需求、人才积淀等众多因素的影响,知识产权管理在中国的管理学界长期以来是一门"偏科",对知识产权的研究和教学目前大多设置在法学院或知识产权学院,而不是管理学院,这其实是管理学界的一大缺失。本书作者在过去近20年的企业管理实践和研究中,亲身经历了数起事关企业存亡的知识产权纠纷,深感对于企业(特别是科创企业)来说,知识产权绝不是由CEO简单地分配给法务总监负责的"条条款款",而应该是董事会和企业最高管理层定时讨论的企业战略的一个重要组成部分。

2018年11月5日,科创板宣布设立,中国证监会随之推出了针对申请上市企业科创属性的评价指引,对企业科技成果创造、保护和运营提出了量化的要求,从而把知识产权对科创企业的重要性提升到了前所未有的高度。这一革命性的举措在全球主要证券交易市场也属首次,势必引发知识产权管理在企业决策中的根本变化。

当前,许多科创企业的最高管理层(CXO)大多是技术出身,对知识产权管理的理解还停留在以保护为主线的法律价值层面,甚至把诸如专利申请等一些知识产权管理的手段当作最终目的,对知识产权管理的丰富内涵及其多重价值缺乏理解。同时,中国管理学界对知识产权管理的研究尚处于早期阶段,写给企业最高管理层的知识产权管理书籍极为匮乏。鉴于此,作者希望在以下几个方面有所贡献。

首先,本书聚焦科创企业知识产权管理的特点,重点突出科创企业如何借助科创之势和知识产权之势为企业创造更大的价值。我们从管理学角度(而非法学角度),为科创企业的CXO们提供一个全景式的知识产权管理框架和基础知识,使他们充分认识到知识产权对科创企业发展的关键作用,继而推动企业知识产权战略与商业战略和研发战略的融合,并能够在正确的时机向正确的人提出正确的问题。

此外,本书提出了具有原创性的两个知识产权管理概念——"科技成果价值实现闭环"和"知识产权价值矩阵"(IP Value Matrix,IPVM)。科技成果价值实现闭环梳理了企业知识产权的创造、保护、运营和可持续升级等步骤,为科创企业实现高效的知识产权管理提供了简明的框架性指导,本书的主要章节也依照此框架进行论述。知识产权价值矩阵则从自主性价值、外联性价值、影响力价值、竞争力价值这四种视角出发,阐述了知识产权的多重价值属性,为科创企业实现知识产权的商业价值最大化提供了清晰的路径。

最后,本书汇聚了一系列真实且极具本土商业特色的科创企业知识产权管理实践案例。通过对一系列国内外科创企业知识产权管理案例的整理和分析(包括对数十家科创企业的第一手调研),力求向科创企业的CXO们展现知识产权管理的最优实践和可能的"陷阱",从而在实操层面进一步提升读者对知识产权管理的认知水平。

众所周知,知识产权在很大程度上就是为科创而生的。面对未来,科创企业不掌握自主知识产权,就谈不上真正的自主创新。在未来的竞争中,善于管理知识产权的公司将会成功,而不善于经营知识产权的公司将被淘汰。我们衷心希望中国科创企业更加重视知识产权管理,走得更远、更坚实。

从2021年起,本书作者在复旦大学管理学院的科创企业家营、MBA和国际MBA等项目中陆续开设了"科创企业的知识产权战略管理"的系列课程。这些全新的课程通过不断的打磨和升级,得到了广大同学的认可和好评,也为本书提供了有价值的素材。同时,能够让更多国内外管理学院的同学们重视科创企业的知识产权管理、了解中国科创企业的知识产权故事对本书作者而言也是一件十分欣慰的事情。本书案例素材源自复旦大学管理学院案例库(case.fdsm.fudan.edu.cn)。

作为复旦大学管理学院首推的科创系列教材的一部分,本书的撰写和出版得到了众多领导、企业家、专家和同事的大力帮助和支持。首先,特别感谢复旦管院的陆雄文院长,他于2019年率先提出了"无科创,无未来"的口号,在学院内全力推进针对中国科创企业的管理学研究,并带领众多老师走访科创企业,听取企业的需求和经验,收集第一手研究资料,用原创性研究成果反哺社会。陆院长也对科创企业的知识产权管理研究和本书的撰写给予了很多具体的指导和支持。在本书的撰写过程中,复旦管院案例中心的于保平、张春依、王玉洁、张洁友、陈扬波、于佳平、李攀等老师与作者一起走访了众多企业,并收集了大量有价值的资料,为本书增添了不少鲜活的实战案例,尤其感谢王玉洁在书稿写作过程中帮助搜集相关资料,还完成了大量琐碎的校稿和整理的工作。同时,复旦管院科创办公室岑岑、邬麒云、王雯婧、毛海霞等老师也为作者的研究做了大量的协调工作。

作者要衷心感谢中微半导体设备(上海)股份有限公司董事长兼CEO尹志尧和集团副总裁兼总法律顾问姜银鑫,紫光展锐(上海)科技有限公司董事长吴胜武和法务部部长杨洁静,达闼机器人股份有限公司董事长兼CEO黄晓庆、CFO庄家栋和知识产权部总监张飞弦,奥动新能源汽车科技有限公司联席董事长兼联席CEO张建平和知识产权部总监林彦之,埃夫特智能装备股份有限公司总经理游玮,小米集团战略合作部总经理徐然,苏州锐发打印技术有限公司CEO谢永林,零幺宇宙(上海)科技有限公司CEO韩云芸,绿叶制药集团知识产权部副总裁孙丽芳,上海君拓生物医药科技有限公司知识产权负责人李彩辉,中科寒武纪科技股份有限公司知识产权总监胡帅等,他们在百忙之中抽出时间与作者无私地分享自己在知识产权管理方面的经验和故事,以实际行动为提升中国科创企业知识产权的管理水平贡献了力量。

最后,我们还要感谢复旦大学出版社的宋朝阳老师和相关编辑老师,他们为本书的内容和结构安排提出了许多有创意的建议,并做了大量而细致的编辑工作。

由于作者能力所限,本书难免有所疏漏和差错,望广大读者批评指正。

王雷　卢向华

2022 年 12 月

目录

第 1 章　科创时代的知识产权管理　　1
 1.1　科技创新与知识产权的大时代　　1
 1.2　科创企业知识产权管理的新挑战　　3
 1.3　科技成果价值实现闭环　　5
 讨论案例　丁苯酞四十载知识产权保护之路　　10

第 2 章　知识产权的定义及其分类　　20
 2.1　知识产权的定义　　20
 2.2　知识产权的类型　　22
 讨论案例　绿叶制药的知识产权战略　　27

第 3 章　科创企业的研发与转化管理　　41
 3.1　科创企业的产品研发管理目标与内容　　42
 3.2　科创企业的新产品研发策略　　45
 3.3　技术产品研发项目的过程管理　　50
 3.4　产品研发过程与知识产权过程的融合　　56
 讨论案例　科技研发的护航者　　58

第 4 章　科技成果转化为知识产权　　73
 4.1　技术成果转化的知识产权类别　　74
 4.2　知识产权的价值评估　　77
 4.3　激励机制促进科技成果转化知识产权　　80
 讨论案例　达闼科技的"专利合伙人"计划　　83

第 5 章　知识产权运营　　90
 5.1　知识产权价值矩阵　　90

5.2	自主性价值的运营	93
5.3	影响力价值的运营	95
5.4	外联化价值的运营	96
5.5	竞争力价值的运营	100
5.6	知识产权诉讼的竞争运营对策	109
讨论案例	中微公司的知识产权之战	114

第6章 可持续的知识产权管理体系设计 — 123

6.1	科创企业知识产权管理的重要性	124
6.2	知识产权管理角色的升级	126
6.3	知识产权团队的打造	131
6.4	设计高效的知识产权工作流程	135
6.5	外部知识产权机构的聘用与合作	137
讨论案例	紫光展锐的知识产权管理	139

第7章 攀登知识产权的价值阶梯 — 150

7.1	新时代知识产权管理的重点与方向	152
7.2	科创企业知识产权管理的进阶路径	157
7.3	优化科创企业的全球知识产权产业链布局	162
讨论案例	锐发的联合实验室模式	167

结束语	175
主要参考文献	176

第 1 章 科创时代的知识产权管理

> 保护知识产权就是保护创新。
>
> ——习近平

➡ 本章要点

- 阐释科创企业管理知识产权的新挑战；
- 提出企业知识产权的全过程管理框架；
- 解释"科技成果价值实现闭环"；
- 说明本书的逻辑框架。

➡ 1.1 科技创新与知识产权的大时代

科技创新主要是指创造和应用新技术、新知识、新工艺、新手段，采用新的生产方式和经营管理模式，开发新产品、新装备，提供新服务的过程。历史表明，科技创新是经济发展与企业收益递增的主要源头。1950 年代，经济学家索洛（Robert Merton Solow）梳理出科技创新对经济发展的贡献，他计算了资本和劳动力的贡献只能解释生活水平变化的 12.5%，推断出其余变化（87.5%）必然来自技术变革。随着中国经济从依赖人口红利转向创新和精耕细作驱动的时代，企业唯有依靠科技创新，才能应对越来越激烈的竞争和越来越高的社会环境成本，中国企业也才能实现自主和获得升级，满足人们对于美好生活的向往，并赢得世界尊重。

进入21世纪，尤其是在中美贸易摩擦的深度和广度不断扩大以后，全球宏观环境处在一个极不确定的状态。人工智能、区块链和5G等新一代信息技术迭代和商业化落地加速，新药研发的费用和耗时不断上升，全球环境治理面临结构性挑战，地缘政治导致供应链重组和信息阻断，再加上新冠肺炎疫情的直接和间接影响等，都对中国企业的科技创新提出了新的要求和挑战。为了更好地鼓励中国的科技产业发展，更好地应对日益升温的全球科技竞争，科创板于2019年应运而生，主要服务于符合国家战略、突破关键核心技术、市场认可度高的科技创新企业，其初衷是以资本化的手段帮助这些企业的"硬科技"成果尽快落地应用，促进战略型新兴科技企业的发展。毫无疑问，中国正在快速进入"科创大时代"。

当科技创新逐渐成为经济增长的重要推动力和竞争驱动力时，企业创新管理的视角也逐渐由单一的技术创新拓展至知识产权（intellectual property）创新管理。知识产权旨在从法律层面保护技术创新者的成果，可以鼓励社会资源的优化配置，鼓励额外的资源投入发明创造活动中，从而实现进一步的技术创新。长久以来，发达经济体不仅将知识产权作为对科技成果的保护，还给予这种竞争要素排他性的法律权益，刺激新兴经济的增长。近年来很多新兴产业（如信息产业等）的发展都得益于知识产权保护，让技术创新与经济获利进入可持续的正向循环。

这种随经济发展而引起的技术创新和对技术创新保护的现象，在美国的科技发展过程中、在日本战后经济重建中，以及在韩国经济起飞的过程都曾经发生过。随着中国经济逐渐进入以高科技为技术特征的新经济时代，对知识产权高效能的管理需求在中国正以更高的加速度发生。特别是21世纪以来，随着各经济体相互融合以及知识产权制度国际化，知识产权已经成为各国打造科技实力和国家竞争力、维护国家利益的战略资源。在2021年正式发布的《中华人民共和国国民经济和社会发展第十四个五年规划》中，提出了知识产权强国战略，意味着中国首次将知识产权强国提升到国家战略高度，全面推动知识产权提升自身质量、拓展影响力、支撑经济发展和科技创新。

作为知识产权产生与管理的主体，近年来中国企业尤其是大型企业和新兴的高新技术企业逐渐意识到，保持产品之间的差异化固然是重要的，而知识产权作为保障差异化竞争的重要手段，对企业经营尤其是科创企业的经营也至关重要。大部分科创企业的研发支出占营业收入比例、科研或技术人员占员工比例等指标,均要大大超过弱技术型行业的平均值。这一类依靠高研发投入产出效率的技术和产品而生存的企业,如果没有市场排他权的保护,则很容易被抄袭,从而导致市场的流失。因此,知识产权管理是科创企业保护核心技术、占领市场的利器。

世界知识产权组织(World Intellectual Property Organization,WIPO)前总干事弗朗西斯·高锐(Francis Gurry)曾说:"知识产权能够为其拥有者获得并巩固创新带来的比较优势,而这一比较优势可以转化为巨大的商业价值。"[①]管理者应该重视技术成果的保护和知识产权的商业化,防止创新成果被滥用,并充分实现知识产权的价值,从而促进企业持续的创新投入。无论是对于大型企业还是小型的创业公司,在新的市场竞争环境下,企业知识产权管理正在成为提升企业市场竞争力的重要保障,帮助企业维护创新成果并获取应有的市场价值。

1.2 科创企业知识产权管理的新挑战

管理有什么用?简单地说,管理可以让生产、生活变得更有效、更协同,同时还可以控制质量、降低成本。大到一个国家,小到一家企业,甚至是个人的成长,都可以运用管理学的思想和方法。人生的不同阶段会有不同的目标,为了实现目标,同样需要配置资源,这也是管理。

——陆雄文

企业管理人员意识到知识产权的重要性,并不意味着就能够管理好知识产权。尤其是对于科创企业家而言,大部分管理人员是技术背景出身,通常专注于技术研发和产品市场化,会认为知识产权是法律人士的工作范畴,或是借助第三方知识产权服务公司就可以帮助企业完成专利申请、文献检索、商标注册等知识产权的事务,而在管理的过程中忽略了将知识产权与企业战略、产品研发等结合,导致企业

---

① [澳]弗朗西斯·高锐.知识产权的作用再思考[EB/OL].世界知识产权组织官网,https://www.wipo.int/export/sites/about-wipo/zh/dg_gurry/speeches/pdf/dg_speech_melbourne_2013.pdf,2013-12-31.

的技术成果不能被充分地保护或市场化。

微案例　　乔布斯对知识产权重视度的转变

众所周知,苹果公司的创始人乔布斯是一个产品狂。在苹果创立后的早期,他认为企业应该把钱花在产品研发和市场推广上,对知识产权并没有给予应有的重视。乔布斯的转变与2006年的一项专利侵权案有关。Creative Technology是一家总部设在新加坡,从事多媒体电路板设计、制造和销售的企业,同时也生产MP3播放器等产品。Creative Technology于2006年5月在美国起诉苹果的iPod侵犯了它有关音乐分类管理的专利,要求法院发出对iPod的销售禁令,并寻求赔偿。乔布斯的本能反应是苹果通过自己的努力使iPod取得了成功,来自Creative Technology的诉讼实在是想不劳而获地分一杯羹,苹果绝对不允许这样的公司得逞。但是在3个月后双方就达成了和解。由于iPod没有事先针对Creative Technology的音乐分类方法实施规避设计,乔布斯便不再恋战,最后赔偿了1亿美元"结案"。在这之后,乔布斯开始在苹果大力推进知识产权管理,全力把知识产权打造成苹果自身的竞争利器。2007年6月29日,苹果发布iPhone,乔布斯针对iPhone说:"我们要把它全专利化!"苹果的专利/专利族数量也随之快速攀升。有意思的是,Creative Technology在2021年(官司结束的15年后)的全年总收入仅有8 400万美元。

因此,对于技术创新是第一竞争要素的科创企业而言,如何更好、更高效地将知识产权作为竞争要素来进行系统性的管理,把知识产权纳入企业的商业战略体系中,是管理者面临的重要挑战。正如知识产权经典畅销书《尘封的商业宝藏》中所写的那样:"当前,CEO们真正的挑战在于学习如何管理和应用他们的专利权力量,不仅仅把专利作为一种法律工具,而是把它作为商业竞争中重要的投资金融资产和竞争工具。"[1]知识产权管理不再是专利律师或授权主管或总法律顾问的专属领域,高层管理者也需要从管理的角度参与知识产权保护的全过程。

然而,当前大部分关于知识产权的研究与专著都集中在法学界,很多实务工

---

[1] [美]凯文·里韦特,[美]戴维·克兰.尘封的商业宝藏[M].陈彬等,译.北京:中信出版社,2002.

作也均由法务人员完成,无论是从学术研究的角度还是知识产权的实务层面,都似乎缺少了管理的视角。复旦大学管理学院陆雄文院长曾带领课题组在一年内走访了数十家规模不等的科创企业,70%左右的创始人或者高管都是科学家,他们有的是名校硕博,有的是龙头科技企业的原核心技术人员。这些企业家对技术创新、知识创新都有着独到的见解。但经过深入的调研研究者发现,科学家出身的企业家对于管理仍然"抓耳挠腮",对核心技术的研发管理与知识产权保护也常常不得其法,许多企业的知识产权建设显得相当薄弱。例如,一些公司的核心技术在行业领先,而知识产权转化率却低于行业平均水平;一些公司的专利数量排名靠前,但仔细研究后发现,专利的质量和价值却乏善可陈,因此也并未为公司带来实际的竞争优势。

科技企业的创立可能仅仅源于一个好的技术想法。从这个创新的想法到研发,再到市场的落地、竞争的应用、利润的实现,创业过程涉及的每一个环节都充满着不确定性,尤其是在科技发展迅速、技术更迭越来越快的当下,这种不确定性更加凸显。本书尝试站在企业管理者的视角,而非知识产权专业人士的视角,基于科技成果价值实现闭环,探讨企业知识产权的创造、保护、运用、价值实现等问题,突出了以知识产权价值矩阵为框架的知识产权价值多重性,希望帮助企业建立系统性的知识产权管理制度,进而降低不可控风险,提升企业的核心竞争力。同时,本书通过一系列原创案例的分享,力求帮助企业管理者了解如何把知识产权管理工作与企业研发和商业战略相结合,如何改善知识产权管理的流程与效率,助力中国科创企业在这个科创腾飞与知识产权升级的大时代走得更远、更顺。

1.3 科技成果价值实现闭环

企业究竟应该如何实现有效的知识产权全过程的管理呢?对于科创企业家来说,知识产权不仅是科技成果的权利化,更关系着企业未来的发展和市场竞争优势的获取。科创企业的目标应该是如何将前沿的科技成果尽快推入市场,来接受市场的检验,而不是"闭门造车式"的研发。基于这一导向,科创板上市委员会对于拟上市企业在研发投入和知识产权建设方面极其重视,并于2022年12月底修改了科创属性指标,在原来的基础上加强了对知识产权和研发的评估,形成了"4+5"的评估体系,如下所示。

四项常规指标(需同时满足)
- 最近3年累计研发投入占最近3年累计营业收入比例的5%以上,或者最近3年研发投入金额累计在6000万元以上;其中,软件企业最近3年累计研发投入占最近3年累计营业收入比例的10%以上;
- 研发人员占当年员工总数的比例不低于10%;
- 应用于公司主营业务的发明专利(含国防专利)5项以上,软件企业除外;
- 最近3年营业收入复合增长率达到20%,或者最近一年营业收入金额达到3亿元。

五项特殊指标(满足其中之一可豁免常规指标)
- 拥有的核心技术经国家主管部门认定具有国际领先、引领作用或者对于国家战略具有重大意义;
- 作为主要参与单位或者核心技术人员作为主要参与人员,获得国家自然科学奖、国家科技进步奖、国家技术发明奖,并将相关技术应用于主营业务;
- 独立或者牵头承担与主营业务和核心技术相关的国家重大科技专项项目;
- 依靠核心技术形成的主要产品(服务),属于国家鼓励、支持和推动的关键设备、关键产品、关键零部件、关键材料等,并实现了进口替代;
- 形成核心技术和应用于主营业务的发明专利(含国防专利)合计50项以上。

科创板"4+5"科创属性评估体系在某种程度上也是科创企业知识产权管理的重要参考方向与目标。虽然不是每一家科创企业都要登录科创板,但"4+5"科创属性评估标准的设立则是向科创企业家传达了一条明确的信息:应该打造一家有持续创新能力的,对高质量、高价值科技成果具有保护和转化能力的科创企业,而不是短期地通过专利转让、技术包装等在形式上具备技术创新能力。如果管理者可以理解这个底层逻辑,他们就可以有效地把握企业知识产权管理的全过程。

具体来说,"4+5"科创属性的评估体系要求企业:第一,必须要有核心、高质量的科技成果,而且要以自研为主而不是以转让或购买为主;第二,有高质量科技成果还不够,企业还需要把科技成果保护起来,要求与主营业务相关的发明专利在5项以上;第三,把高质量科技成果保护起来仍然不足,如果被保护起来的科技成果没有为企业创造价值,也是没有意义的,这就是知识产权的转化,让高质量、高价值专利成为企业主营业务的支撑;第四,科创企业要有持续创新的投入和能力,包括研发投入和研发人员占员工总数的比例,企业只有不断地投入,培育自主持续创新的能力,才能不断创造出高质量的科技成果和知识产权,才能在商业竞争中立于不败之地,持续地推进技术进步。因此,这四个与知识产权相关的内容形成一个简洁的闭环,我们称之为"**科技成果价值实现闭环**"(图1-1)。通过创造产生高质量的科技成果,通过保护形成知识产权,又通过运营与转化知识产权取得高价值收益,并利用回报持续激励创新、加大投入,使科技成果价值实现闭环不断优化和迭代。

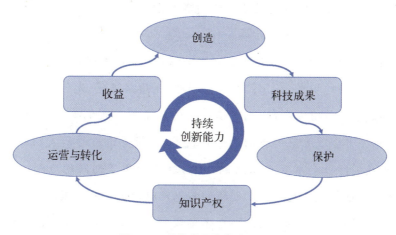

图 1-1　科技成果价值实现闭环

基于上述逻辑,本书从六个方面对科创企业知识产权的全过程管理进行介绍。第 2 章讲述的是知识产权的基本概念,为后续章节的阅读打下统一的认知基础;第 3 章阐述了企业新产品研发的逻辑与过程,即创造科技成果的过程;第 4 章介绍了如何把科技成果科学地、有体系地转化为知识产权;第 5 章重点讨论了企业如何认识知识产权的价值,并通过运营知识产权来实现其潜在的多重价值;第 6 章讨论了企业知识产权的管理角色、组织结构以及流程等内容,旨在为企业提高综合管理知识产权的能力提供方法论上的参考。在完成所有这些主体内容后,第 7 章对中国企业未来的知识产权管理方向作出了展望。

> **微案例** **华为的知识产权管理原则**
>
> 2019年,华为公司对外发布《尊重和保护知识产权是创新的必由之路》白皮书,书中阐述创新和知识产权保护是华为在过去30多年保持增长的基础。2022年4月,华为在公司内部论坛"心声社区"发布由公司创始人任正非签发的《专利许可业务汇报》会议纪要。以下是主要内容摘录[①]:
>
> 1.专利制度的本质是激励创新,促进技术公开并被业界公平广泛地使用,从而推动产业繁荣和社会进步;我们要建立科学合理的知识产权价值观,树立公司的创新者形象,同时也利于公司可持续、有质量地发展。
>
> 我们要建立科学合理的知识产权价值观,第一,要持续保护好研究创新成果,在全球范围内积极构建高价值专利包;第二,继续发挥专利保护公司全球业务安全的作用;第三,通过合理收费奠定华为创新者的形象;第四,通过寻找合适的合作伙伴,精选专利池、专利运营公司开展合作。
>
> 以前,我们重视知识产权是为了自我防卫,是为了保证自己的业务安全而努力。通过这么多年的积累,在5G、Wi-Fi 6和音视频编解码、光传输、光智能等几大领域已经形成了高价值专利包,拥有了一定的话语权。我们要构建合理的价格基准,让产业界公平合理地使用我们的专利技术,在获得适当的研发回报的同时,也有利于我们在国际社会奠定创新者的形象;我们使用了别人的专利,也要合理付费,这样就在全世界建立起有利于创新的知识产权价值观和土壤。
>
> 专利收费不能为了收费而收费;也不能要得太低,要得低了,就遏制了整个社会的创新,没人愿意再投入研发了,会形成我们的事实垄断,也不符合法律要求的公平合理无歧视原则。投入研发的人,都期望收入比投入要多一点,投入研发必然有很多失败,失败的费用也要包含在成本里,这样大家才愿意持续地投入深度研发,形成正循环。同时要做好打"持久战"的准备,不求速胜,也不怕败,收多收少都是成功的。但收费不是最终目的,最主要的是我们通过沟通和谈判,厘清双方的关系。在谈判过程中,逐渐锻造出一支善于沟通和谈判的队伍。当有一天我们走到

---

① 《专利许可业务汇报》会议纪要[EB/OL].华为心声社区,https://xinsheng.huawei.com/cn/index.php?app=forum&mod=Detail&act=index&id=7824487,2022-03-16.

世界领先的位置时,就可以来合理分配价值链了,那个时候你们这些"高僧"的价值就体现出来了。

……

3. 要与时俱进地制定知识产权策略,服务公司的商业成功;积极探索技术秘密许可模式和产业推广机制。

我们是以产品营收为主的公司,在知识产权策略上与业界很多公司是有共同点的;大家有相互专利交叉许可的基础,使用彼此的专利技术,能为市场提供更好的产品,最终受益的是消费者和客户,从而繁荣了整个产业链。在这个过程中,也积累了专利许可、诉讼和交易的经验。以前我们讲知识产权,主要是指专利,并且是以与标准相关的专利为主。现在,有些研究创新成果并不适合通过专利公开,更适合采用技术秘密的形式进行保护,如材料配方、内部核心算法、制程工艺等。我们要与时俱进地制定知识产权保护策略,探索和思考技术秘密的许可模式和推广机制。特别是有些技术秘密成果,我们自己不生产和销售相关的产品,可能会被"束之高阁",造成浪费,也不利于产业链的繁荣,最终影响我们自身的发展。我们要探索通过合适的许可模式和推广机制,授权给外部生产制造方,解决产业竞争力的问题,发挥其商业价值。

4. 敢于突破、坚定走事实标准的道路;知识产权体系要有战略思维,系统性地保护好我们的创新研究成果。

管理赋能

以科技进步为特征的新时代,某种意义上就是以知识产权为法律特征的时代,企业对于知识产权管理的依赖程度陡然上升。但对知识产权的专业理解不足、知识产权管理问题的多样化、初创企业可投入的资源有限,会让很多科创企业家在知识产权管理上毫无头绪。

我们认为知识产权管理不仅仅指专利申请和审核,而是以"知识产权"为运营对象,探讨如何可持续地为公司创造价值。因此,科创企业的高层和中层管理者都需要具备一定的知识产权意识以及管理能力,才能在当前全球大科创时代保持可持续的竞争力。希望本书能够成为科技企业管理层的一本入门书籍,帮助企业在科创之路上走得更远、更顺!

讨论案例

丁苯酞四十载知识产权保护之路[①]

丁苯酞(n-Butylphthalide,NBP)的主要化学成分是和青蒿素齐名的科学发现，其研发经历了整整四十年，是中国第三个拥有自主知识产权的化学药物，是国家一类创新药物，其商品名为恩必普，适应症为轻、中度急性缺血性脑卒中（又称脑中风）[②]。石药集团已上市两类丁苯酞产品，一种是丁苯酞软胶囊（于2009年被列入《国家医保目录》和《军队合理医疗药品目录》），另一种是丁苯酞注射液。2017年，两类产品均被列入《国家基本医疗保险、工伤保险和剩余保险药品目录》（乙类）[③]。恩必普的销售额不仅逐年递增，而且已经成为石药集团的主要销售来源。2020年，石药集团的销售额为204亿元，其中，恩必普的销售额为65亿元，占总销售额的比例达32%。

尽管恩必普的销售势如破竹，但石药集团最近几年烦心事不断。

2016年12月13日，丽珠集团利民制药厂向广东省食品药品监督管理局申请仿制丁苯酞氯化钠注射液。2017年8月10日，石药集团恩必普公司委托代理人李红团来到北京市海诚公证处，在其电脑上登录药品评审中心的官方网站，查询到受理号为CYHS1600199的丁苯酚氯化钠注射液于2017年5月18日进入该中心，企业名称为丽珠集团利民制药厂，申请类型为仿制，注册分类为4，当时正处于排队待评审状态。石药集团随即向北京知识产权法院起诉了丽珠集团。石药要求：第一，判令丽珠集团利民制药厂立即撤回在国家食品药品监督管理总局（SDA）药品评审中心的仿制药生产注册申请，立刻停止其侵犯恩必普公司专利号为ZL02123000.5发明专利的行为；第二，判令丽珠集团在《中国医药报》刊登道歉声明；第三，判令丽珠集团赔偿恩必普公司的代理费、取证费、公证费等诉讼开支共100万元。丽珠集团回应其向政府申请注册仿制药的行为不构成对恩必普公司专利权的侵犯，该注

[①] 本案例由复旦大学管理学院案例研究员张春依根据公开资料编写。案例仅作为教学和研究资料在课堂讨论中使用，不代表对本案例所含相关内容的认可，不作为原始数据的来源，也不暗示某种管理方法或策略一定有效或一定无效。案例相关问题咨询请联系复旦大学管理学院案例中心：021-25011399。

Ⓒ本案例的版权归属复旦大学管理学院所有，未经许可，不得以任何方式复印、抄袭、存储、传播和出售本案例的任何部分，也不得制作成其他形式的版本。如需取得使用授权，请致电021-25011399,25011388，或邮件联系：case@fdsm.fudan.edu.cn。

[②] 邓丽娟,杨倩.缺血性脑卒中治疗药物丁苯酞专利布局分析[J].科技与创新,2020(23).

册行为属于行政管理调整和审查范围,对专利权的认定没有影响。根据《专利法》第六十九条第五项的规定,即使丽珠集团基于行政审批从事了该条规定的相关行为,也不视为专利侵权。对于尚未实际发生的行为,丽珠集团认为恩必普公司是主观臆测,阻挠了丽珠集团的药品申报。

2018年,第一回合败诉的石药集团向北京市高级人民法院上诉,认为丽珠集团申请注册仿制药的唯一目的就是获批后上市销售,并非因行政审批需要。丽珠集团仍咬定该仿制药申报行为本身不构成专利侵权行为,并举出《专利法》第六十九条的规定,即仿制药申报过程中的制造行为也不属于侵权行为。石药集团再次败诉,并在2019年向最高人民法院上诉,结局仍是败诉。

丽珠集团是目前石药集团遭遇的一个在丁苯酞专利战中最强劲的对手,但并不是唯一一个。丁苯酞注射液的专利于2003年2月公开,2004年9月授权,2022年6月17日到期,石药集团清楚,仿制药市场如入惊蛰之期,早已蠢蠢欲动。

丁苯酞早期研发

丁苯酞的诞生,可以追溯到1978年,中国医学科学院药物研究所研究员杨俊山在南方水芹菜籽中提取分离出丁基苯酞;1980年,该所研究员杨靖华首次化学合成dl-3-正丁基苯酞;1986年,研究员冯亦璞将丁苯酞的药效学研究重点从治疗癫痫症转向防治脑缺血和脑卒中,证实丁苯酞可以有效治疗脑卒中,先后发表文章近百篇。丁苯酞的成功研制,"不仅标志着我国心脑血管领域创新药物的研究已经跻身国际先进水平,而且填补了世界脑血管领域缺血性脑卒中治疗药物的一项空白"[1]。

丁苯酞的诞生比《中国专利法》的正式实施(1985年4月1日)早了七年,遗憾的是,"丁苯酞的核心化合物专利并没有条件申请专利保护就已被期刊文献公开,只起到了公开先占的防御作用"[2]。1993年1月1日,我国正式将药品和化学方法获得的物质纳入专利权保护范围并予以实施。同年9月,一件名为"芹菜甲素作为制备预防和治疗脑缺血引起的疾病的药物中的应用"(申请号CN93117148.2)的发明专利申请正式提出,并于2000年1月被授予发明专利权。该专利的9项权利要

---

[1] 王敬照.丁苯酞项目获中国专利金奖[N].河北日报,2012-01-31.
[2] 张溪,李林,周文婷.从丁苯酞的成长历程看自主创新药的知识产权保护[J].中国新药杂志,2019,28(8):903-907.

求涉及脑缺血及其引发的相关疾病,有效地以脑缺血的制药用途为核心形成保护壁垒,从而防止竞争者绕过脑缺血及其他相关疾病的制药用途进行仿制。

国家知识产权局专利局专利审查协作北京中心的张溪撰文指出,虽然早期的科研人员对知识产权保护的策略并没有清晰的概念,但凭借着研发人员扎实的科研功底,他们撰写提交的 3 件高质量的发明专利申请文件,为后续丁苯酞的创新研发以及专利战略奠定了坚实的基础。

石药集团转型创新药

石药集团的前身是建于 1938 年的冀中军区卫生材料厂,从生产脱脂棉纱布到中华人民共和国成立前生产抗感染药物,为新中国的成立作出过巨大贡献①。1997 年,石药集团成立,以维生素 C 和 β-内酰胺类抗生素为两大战略性产品,迅速成长为中国原料药的"四大家族"之一,是国内最大的原料药生产基地,在收入、利润、利税等指标上一度攀升至中国医药行业第一。

技术门槛低、大量无序重复建设导致原料药行业极度"内卷"。在国际金融危机、国内环保政策压力增大、人工成本上升等趋势影响下,中国原料药企业亟待转型。

石药集团董事长蔡东晨对媒体说:"做企业,特别是要做百年老企,你必须高瞻远瞩,就是形势一片大好时,更要看到背后隐藏着危机。一个制药企业光靠原料药,肯定撑不过几年的红火期,必须进行创新,研发新药。"石药集团在 20 世纪 90 年代末就遭遇过专利侵权诉讼,这更使蔡东晨警醒,一定要把知识产权作为石药集团发展的基石。1999 年,石药集团药物研究所正式成立,石药集团拿出前一年利润的绝大部分——5 000 万元,购买了丁苯酞专利,从此走上了创新药和新型制剂研发之路。

2002 年 9 月,丁苯酞原料药和软胶囊顺利获得国家食品药品监督管理总局颁发的新药证书和试生产文号批件。11 月,丁苯酞被列入国家"863 计划"和"十五"重大科技专项创新药物和中药现代化项目。石药集团在 2003 年投资 3.8 亿元成立恩必普药业有限公司,提交了丁苯酞软胶囊的发明专利申请,为恩必普在港交所上市做准备①。同年,恩必普被列入国家高新技术产业化示范工程。

---

① 阎俏如.80 年石药集团转型之路:变革中崛起的中国制药产业缩影[N].中国经营报,2021-06-26.

专利先行策略

中国药品招标分为三个质量层次,质量层次决定药品招标评分和价格,在专利保护期内的药品属于第一层次,具有较高的评分比重和定价自由度。作为国家一类新药的丁苯酞因无化合物专利,在药品招标、定价时只能享受与仿制药一样的待遇。以上两个原因导致了丁苯酞的上市过程并不顺利,销售额远低于预期。为了应对中国原创化合物专利缺失的尴尬局面,中国医学科学院药物研究所联合石药集团中奇制药技术(石家庄)有限公司开始对丁苯酞新的制药用途和新剂型进行了多方位的专利布局①。

围绕丁苯酞的后期研发,石药集团药物研究院应用自有的分子微囊包合技术开发了丁苯酞注射剂,在临床阶段即递交了包括美国、欧盟、日本在内的23个国家和地区的PCT申请,为该药打入国际主流药物市场打下了基础②。迄今,该项目共获得9项国内外专利,申请PCT国际专利,获得100多个国家的应用专利,在86个国家受到保护,行政保护期为20年。

石药集团国际市场部总监李剑青说:"民族制药企业应该调整产品开发的思路,从产品研制初期就着手制定专利申请策略,对发展前景广阔、已经引起业内注意的产品,即使研究工作刚刚起步,也要迅速提出专利申请,使后续的研究工作得到及时的专利保护。同时,在提出专利申请的时候,制药企业要充分合理地扩大保护范围,使专利得到最大限度的保护。"③

作为国家高新技术产业化示范工程,2012年,石药集团恩必普药业的丁苯酞软胶囊及其制备工艺项目获得第十三届中国专利金奖。

丁苯酞的市场表现

药品研发是一项耗时耗资的巨大工程,很多新药夭折在临床研究阶段,无法承担巨额投资和风险的创新药企不得不以"卖青苗"的方式转让临床前研发成果。如何对专利进行有效管理,利用其内在经济价值拓宽融资渠道,补充研发资金缺口④,对创

---

① 张溪,李林,周文婷.从丁苯酞的成长历程看自主创新药的知识产权保护[J].中国新药杂志,2019,28(8):903-907.
② 赵红梅.新药恩必普受86个国家专利保护[N].河北日报,2006-08-09.
③ 姚文平等.石药集团:知识产权保护势在必行[N].中国知识产权报,2005-07-20.
④ 丁锦希等.战略性新兴产业框架下的医药企业专利策略与创新能力建设[J].中国医药杂志,2014;49(5).

新药企显得尤为重要。恩必普充分利用专利优势,通过申请政府财政支持,为丁苯酞的研发"输血"。1995—2002年,丁苯酞先后被列入重大科技专项项目、国家"863计划"等,共计获得国家创新药物项目资金2 000万元,解决了其在一期临床试验后资金严重不足的困境,保证了研发的顺利进行,促成了2004年恩必普的成功上市。然而,作为一类新药,丁苯酞在市场准入、临床推广等方面毫无经验可循,走了很多弯路。

自获得"试生产"批号后,恩必普前三年的销售额长期不佳,2004年全年仅有27万元销售额。虽然在2005年,恩必普软胶囊的销售额增长率达到1 360%,2006年和2007年的增长率也保持在150%以上,但2008年恩必普软胶囊的总销售额只有7 000多万元。至此,恩必普软胶囊6年的销售总额未能收回3.5亿元的研发投入。直至2009年,丁苯酞软胶囊被列入《国家医保目录》,其销售额突破亿元大关,随后一路飙升,2010年超过4亿元,进入销售黄金期。

专利布局三阶段

1984—2000年,为丁苯酞相关专利申请的萌芽期,主要是围绕丁苯酞的制备方法等周边领域申请了发明专利。2001—2003年为缓慢发展期,由于丁苯酞为油状化合物,水溶性差,制剂工艺困难,且其具有不良气味,影响服用,该阶段的申请多集中在如何克服丁苯酞的上述缺陷上。

2004—2011年为稳定期。2002年,丁苯酞软胶囊虽然被批准上市,但仅获批"试字号",只有在接下来的两年里无不良反应后,才能转为"准字号"产品。2004年国家医保目录调整时,规定"试字号"产品不在被选范围内,因此,直到2005年才"转正"的丁苯酞错过了进入国家医保目录的时机。为摆脱国内市场的困局,石药集团在此期间提交了多件PCT申请,以配合丁苯酞进军国际市场。同时,石药集团先后对丁苯酞的各种制剂形式和制药用途进行了外围专利布局,剂型包括滴丸、片剂、缓释片、微乳透皮凝胶剂、舌下片、控释制剂、注射液、微囊、液体硬胶囊,制药用途包括治疗线粒体病、帕金森病、促进血管生成、放射性脑损伤、糖尿病、脑震荡、脑瘫、脊髓损伤、脑血管病。外围专利布局围绕丁苯酞这一特定技术的创新研发形成了一张紧密有序的专利网。

2012年以来,丁苯酞的专利申请进入高速发展期。随着丁苯酞进入医保目录以及丁苯酞氯化钠注射液的上市,其突出的临床疗效显示了强大的市场潜力。石药集团对丁苯酞的专利保护策略在2012年前后有较大差别。2012年以前,其申请重点为制药用途和剂型及其制备方法的保护,在开展此类横向专利布局的同时,不同的专利申请技术方案中还加入了优选或从属技术方案,如在丁苯酞软胶囊制剂中对于组分的优选和丁苯酞异构体的限定,从而在横向布局的同时形成扩展布局的从属专利,这些从属方案可有效地提供防御保护的作用,在应对后续无效攻击时能够形成缓冲。2012年以后,石药集团的申请重点转向含有丁苯酞的药物组合物和制备工艺保护,此外还有少量涉及丁苯酞衍生物的专利申请[①]。

国际专利布局

2006年以来,石药集团陆续在美国、韩国等国家和地区提交了11件申请,其中有9件已经获得授权,为丁苯酞的国际上市做准备。石药集团特别选取了丁苯酞最核心的抗脑缺血和抗脑梗死制药用途,以及已上市产品丁苯酞注射液和丁苯酞软胶囊的制剂技术进行国际专利布局。石药集团的海外专利先行战略很快就有了回报。2006年,在欧美市场中,恩必普为石药集团带来了数千万元的专利许可费,开创了中国化学原创药物向国外进行技术授权的先河。2007年,石药集团与韩国第五大制药公司日东制药株式会社签署恩必普韩国市场许可协议,日东制药不仅要支付专利费,同时每出售一盒恩必普还要支付一定费用。

2018年3月11日,石药集团宣布,用于治疗"渐冻人症"的药物丁苯酞获得美国食品与药品管理局(FDA)颁发的孤儿药资格认证。这意味着该药物将受《孤儿药法案》(*The Orphan Drug Act*)的保护及相关政策激励。这对药企而言是重大利好,除了可以免除新药申请费之外,后续研发临床试验费用的50%可以作为税收抵免,可优先快速通过审评,上市后可享有7年的市场独占权。有专家认为,孤儿药的认证是丁苯酞走向世界的一条捷径。

尾声

在石药集团积极布局丁苯酞的专利网并在国内外市场上收获颇丰的同时,北京科莱博、成都施贝康、北京奥信阳光、华北制药集团、中国药科大学等也纷纷加入丁苯酞申请行列。石药集团始终密切关注其他药企和科研院所对丁苯酞的专利申请情况,对于有价值或者可能对其造成威胁的专利,石药集团要么考虑收购,要么采取进攻战略。一方面,对其专利网进行补漏,寻找机会转化科研院所的科技成

---

① 张溪,李林,周文婷.从丁苯酞的成长历程看自主创新药的知识产权保护[J].中国新药杂志,2019,28(8):903-907.

果;另一方面,对任何可能的侵权行为进行快速打击。

对于石药集团而言,丁苯酞是其转型创新药企的秘密武器。眼看丁苯酞的一些核心专利即将到期,这个秘密武器还能迎来第二春吗?

 案例思考题

1. 石药集团在恩必普创新药的研发过程中,如何将专利战略与企业的创新能力相结合?

2. 在丁苯酞引发的一系列知识产权保护行为中,有哪些经验值得其他企业借鉴?

附　　录

1. 石药集团申请政府资助项目概览

表1-1　石药集团申请政府资助项目概况

资助项目	申请条件	资助方式
"重大新药创制"科技重大专项之新药候选药物研究	申报品种须具有创新性,已申报发明专利或具有可实现专利保护的自主知识产权	中央财政经费资助(100万—150万元)、地方资助
"重大新药创制"科技重大专项之企业创新药孵化基地	申报单位应拥有自主研发新药的专利和成功研发创新药物的经验,正在从事不少于3—5种具有自主知识产权的创新药物研发	中央财政经费资助(600万—1 200万元)、地方资助
国家重点新产品计划	拥有核心发明专利,权益清晰明确的产品,可申请战略性创新产品	① 由国家科委等部门联合颁发《国家重点新产品》证书;② 予以一定数量的财政补助;③ 予以一定数额的贷款利息补贴
国家"火炬计划"	符合国家重点战略需求,对行业和地方高新技术产业化发展有较强带动作用的项目	创新型产业集群项目,国家拨款经费原则上不超过1 000万元,子项目的国家拨款经费原则上不超过300万元
国家高技术研究发展计划("863计划")	发展具有自主知识产权的高技术,统筹高技术的集成和应用,引领未来新兴产业发展的计划	由中央财政专项拨款支持

2. 石药集团丁苯酞专利网

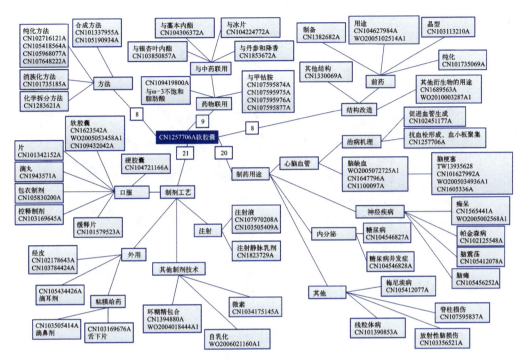

图 1-2　石药集团丁苯酞专利网

3. 石药集团丁苯酞专利申请趋势

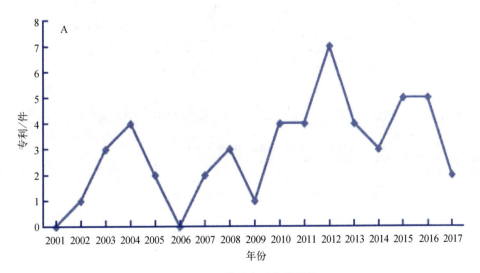

图 1-3　丁苯酞专利申请趋势

4. 石药集团丁苯酞专利申请类型

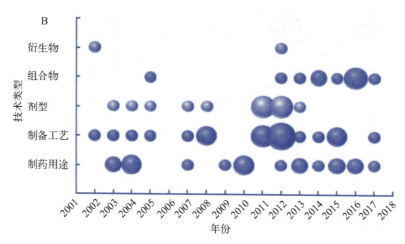

图 1-4　丁苯酞专利申请类型

5. 石药集团丁苯酞各阶段专利布局情况

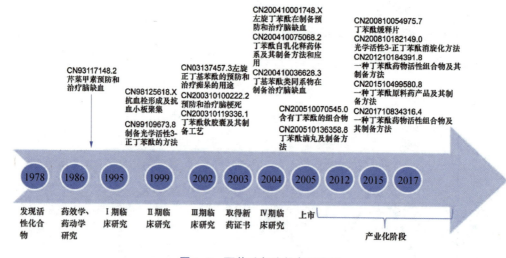

图 1-5　丁苯酞各阶段专利布局

6. 恩必普早期销售情况(2004—2010)

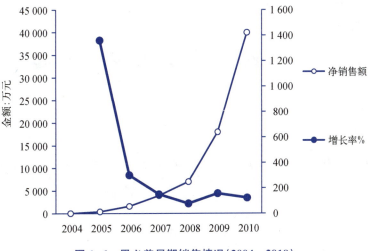

图1-6　恩必普早期销售情况(2004—2010)

7. 丁苯酞全球发明专利主要申请人

表1-2　丁苯酞全球发明专利主要申请人

排　名	申　请　人	发明专利申请数量(件)
1	石药集团	47
2	北京科莱博医药开发有限责任公司	5
3	华北制药集团新药研究开发有限责任公司	5
4	成都施贝康生物医药科技有限公司	4
5	中国医药大学	3
6	河北科技大学	3
7	奥信阳光(北京)药业科技有限公司	3
8	郑州大学	2

第 2 章　知识产权的定义及其分类

即使是最成熟的企业,从知识产权中获取价值也可能是一项挑战,但通过将知识产权作为公司早期战略的一部分,企业领导人可以确保从其无形资产中获得更大的回报。

——大卫·提斯、斯蒂芬·约翰逊

本章要点

- 阐释知识产权的定义和类型;
- 解释与其他资产相比,知识产权的显著特征;
- 理解技术秘密对科创企业科技成果保护的重要性。

2.1 知识产权的定义

知识产权通常被描述为智力创造,包括发明、文学和艺术作品、设计以及在商业中使用的标识、名称和图像。世界知识产权组织将知识产权定义为"对发明授予的一种专有权利"。知识产权可以通过法律给予特定的权利,以确定他人使用创造成果的方式,这些机制使人们能够从其发明或创造中得到认可或经济利益。

根据《建立世界知识产权组织公约》的规定,广义上的知识产权包括很多方面,如文学艺术和科学作品,表演艺术家的表演以及唱片和广播节目,人类一切领域的发明、科学发现、工业品外观设计、商标、服务标记以及商品名称和标志，以及在工业、科学、文学和艺术领域内由于智力活动而产生成果的一切权利。具体到企业层面，我们更多指的是狭义上的知识产权，又称工业产权，包括专利、商标、集成电路设计、植物新品种、商业秘密等。对于科创企业而言，科技成果的保护应该是"一整套组合拳"，而不仅仅依靠专利、商业秘密或著作权等单一手段。

来自美国的两位知识产权专家波尔托拉克和勒纳（Alexander Poltorak & Paul Lerner），将知识产权、知识资产和知识资本之间的关系描述如下：

企业的市值减去它的有形资产就是知识资本；无形资产很多时候都是在员工的脑子里，当他们离开企业时就消失了，因此，公司需要把员工脑子里的这些内容"固化"下来，将其归类梳理，于是就生成了知识资产；而知识产权就是知识资产里面受到法律保护的内容（图 2-1）。

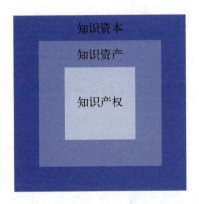

图 2-1　知识产权、知识资产和知识资本的关系

资料来源：Alexander I. Poltorak, Paul J. Lerner.Essentials of Intellectual Property: Law, Economics, and Strategy, Second Edition[M]. John Wiley & Sons, Inc., 2011.

因此，与其他资产相比，知识产权有以下五个显著的特征：

(1) 无形财产权。

(2) 确认或授予必须经国家专门立法直接规定。

(3) 专有性：知识产权为权利主体所专有。权利人以外的任何人，未经权利人同意或者法律的特别规定，都不能享有或者使用这种权利。

(4) 地域性：某一国法律所确认和保护的知识产权，只在该国领域内发生法律效力。

(5) 时间性：法律对知识产权规定一定的保护期限，知识产权只在法定期限内有效。

2.2 知识产权的类型

考虑到科创企业的科技属性,本书将重点讨论与其直接相关的两类知识产权:专利与技术秘密。通常情况下,商业秘密包含技术信息和经营信息,本书主要针对科创企业,因此着重讨论与技术信息相关的秘密。

2.2.1 专利

专利权是对产品或方法的专有权利,该产品或方法被授予专利权是因为它提供了新的做事方式或对某一问题提出了新的技术解决方案。对知识产权行业了解不多的大众,常常将知识产权直接等同于专利,这正是因为专利有其影响力显著的发明特征,甚至在一些技术密集型企业的管理实务中,专利管理被视为知识产权管理中最重要的一部分。

根据我国《专利法》的规定,专利主要分为三类,分别是发明专利、实用新型专利以及外观设计专利,表 2-1 给出了这三类专利的主要区别。根据科创板对企业科创属性的评估标准,企业需要形成主营业务收入的发明专利(含国防专利)5 项以上。因此,对于科创企业而言,高价值的发明专利成为其登录科创板的硬指标。

表 2-1 三类主要专利的差别

	发明专利	实用新型专利	外观设计专利
保护对象	产品、方法、用途	产品	产品
内容限定	产品、方法的技术改进,新产品的用途	产品内/外部形状、构造的改进,电路改进	产品形状、图案及色彩的结合,工业应用
授权时间	2—3 年	6—8 个月	6—8 个月
审查程序	受审→初审→公开→实审→授权	受审→初审→授权	受审→初审→授权

续　表

	发 明 专 利	实用新型专利	外观设计专利
保护时间	20 年	10 年	15 年
稳定程度	经过实审,稳定性较强	未实审,稳定性较弱	未实审,稳定性较弱

发明专利和实用新型专利的申请要满足三个特性：新颖性、创造性和实用性。

- 新颖性是指该发明或者实用新型不属于现有技术；也没有任何单位或者个人就同样的发明或者实用新型在申请日以前提出过申请。
- 创造性是指与现有技术相比,该发明或者实用新型具有突出的实质性特点和显著的进步。
- 实用性是指该发明或者实用新型能够制造或者使用,并且能够产生积极的效果。

授予专利权的外观设计,应当不属于现有设计；也没有任何单位或者个人就同样的外观设计在申请日以前向国务院专利行政部门提出过申请。授予专利权的外观设计与现有设计或者现有设计特征的组合相比,应当具有明显区别,且不得与他人在申请日以前已经取得的合法权利相冲突。

无论哪种授权的专利,都需要公开专利信息,这就是专利制度的基石——以公开换保护。专利申请具有以下三个特性。

- 专利是可以被证实、被记录、被查询的,因此它才能在一定期限内受到保护。
- 专利的公开属性。比如,在发明专利申请阶段,《专利法》规定："专利局收到发明专利申请后,经初步审查认为符合本法要求的,自申请日起 18 个月内,予以公布。国务院专利行政部门可以根据申请的请求早日公布其申请。"公布的内容基本是专利申请文件的全部信息和内容。专利申请通过后,不同的专利享有不同期限的专利权(参照表 2-1)。《专利法》还规定,到期之后,所涉及的技术将会进入公知领域,任何人均可用于经营,既不需要原产权人同意,也不需要支付费用。
- 周期长。发明专利从申请到专利公开通常需要花费 18 个月,18 个月后,还需要进入实质审查来最终获得授权。大部分的发明专利授权需要 2—3 年,而医药产品的专利授权时间可能更为漫长。

另外,专利申请和维护成本高也是一大挑战。本土的每件专利申请成本大多在几千元到上万元。倘若申请海外的专利,费用则更高,欧美市场的基本费用在10万元上下。同时,企业对已授权的专利每年还须支付一定的维护费用,根据国家/地区、权利要求数量、维护年度等,每项专利也要花费几千元到十几万元不等。专利申请和维护中的不菲费用从另一个侧面要求企业摒弃"垃圾专利",不断追求高质量和高价值的专利。

企业申请并获得专利授权不仅是为了保护核心技术本身,更重要的是通过专利来证明企业在规定的期限内对该核心技术享有的专有权,企业可以基于自身的商业目的,将授权专利用于产品开发,抑或将其对外授权、转让、交换等。尽管专利不能百分之百地保证企业利润最大化,但仍不失为企业最关键的竞争手段之一。以科创企业为例,科创企业想要迅速地在行业中取得竞争优势或者加快融资进度,核心技术和产品是最重要的资产。因此,科创企业需要拿起专利的武器来保护自己的核心技术和竞争资产。许多科创企业管理者是专业研发人员出身,其中不乏仍将专利工作停留在"专利申请"的表面理解上之人,还未真正认识到系统化专利保护工作与企业竞争背后的相互依赖关系。科创企业管理者或者相关负责人应深入地剖析自身核心技术的发明点,从核心到外围多层次地进行专利布局,使企业进能攻,退可守,立可和。

微案例 科创板上市企业的专利数据

知名专利数据库智慧芽发布的数据显示,截至2022年3月31日,科创板上市的404家公司专利总申请数量达12.4万余件。其中,有效专利总量为7万余件、授权发明专利总量为3.8万余件,平均专利申请量约为323件、有效专利量约为174件、授权发明专利量约为93件,专利申请总量中位数为148件、有效专利量中位数为77件、授权发明专利量中位数为29件[①]。一年后,科创板上市企业超500家,专利总申请数量达21.6万余件。其中,有效专利总量为11.8万余件、授权发明专利总量为6.2万余件,平均专利申请量约为397件、有效专利量约为1 218件、授权发明专利量约为114件,专利申请总量中位数为189件、有效专利量中位数为100件、授权发明专利量中位数为41件[②]。

---

① 邱德坤.智慧芽:科创板公司专利申请总量12.4万余件[N].上海证券报,2022-04-15.
② 张淑贤,智慧芽:科创板企业授权发明专利中位数41件显著高于A股其他板块[N].上海证券报,2023-7-21.

2.2.2 技术秘密

《反不正当竞争法》规定,商业秘密是指不为公众所知悉、能为权利人带来经济利益、具有实用性并经权利人采取保密措施的技术信息和经营信息。国家工商总局和国家经济贸易委员会等部门的相关规定特别提到,涉及企业经营类信息和包含工艺、图纸、配方、数据、程序等技术类信息都被看作商业秘密。对于科创企业来说,技术秘密(technical secrets)自然就成了商业秘密中最重要的部分,也是企业要竭尽全力保护的部分。

为什么企业有时要采用技术秘密而不是专利来保护科技成果呢?这是因为一些科技成果一旦被公开,很容易被他人理解、利用或复制,但成果发明人却非常难为侵权"举证",也就无法维护自己的权益。例如,谷歌排名算法就是从来没有公开过的技术秘密。还有一个更著名的例子,那就是可口可乐的配方。如果当年可口可乐为其配方申请了专利,20年专利保护期满之后,竞争对手抄袭配方,也许可口可乐公司早已倒在商战的沙场上。可是100多年过去了,作为技术秘密的可口可乐配方,依然是公司皇冠上那颗最闪亮的明珠。

对于技术密集型的科创类企业,企业的研发创新是企业最重要的无形资产,许多科创企业会选择采取严格的技术秘密管理方式来保护研发创新,构建自己的技术护城河。对于技术秘密的管理而言,重点是如何保密以及一旦泄密之后如何追责。常见的技术秘密保护措施包括:用物理隔绝与权限区分来保障涉密文档安全;强化内部秘密保护培训以减少内部泄露风险;与员工签署竞业协议来防范技术秘密的流动;监控涉密员工工作流程等。这一系列手段与措施可以降低来自外部和内部技术秘密泄露的风险。同时,企业可以通过积极引进技术手段和IT系统来高效实施对技术秘密的保护以及对相关信息和行为的存证,最大限度地降低技术秘密流失的风险。

微案例　华为的商业秘密管理办法

华为的业务涉及产业链的上下游,包含设计、生产与制造及销售。华为首席法务官宋柳平曾在公开场合表示:"我们希望展示华为公司30年来技术创新发展的历程,及公司对知识产权一贯的尊重、保护和贡献。"①为了更好地保护自己的知识产权,华为制定了严格的商业秘密保护规范,以下为重点摘录②。

华为设立面向全公司的商业秘密保护合规办公室,负责公司商业秘密合规体系建设,制定商业秘密合规政策、制度与流程,协助并指导各业务部门开展商业秘密合规工作。公司信息安全与商业秘密保护部从氛围、流程到问责整体机制的落地,全面负责保护公司商业秘密,并通过各业务领域、区域合规组织落实保护他人商业秘密的合规管理要求。

华为采取以下关键措施保护他人商业秘密:颁布《关于尊重与保护他人商业秘密的管理规定》,对员工在商业活动中尊重与保护他人商业秘密提出明确要求,确保员工合法、合约地开展各项业务活动;将商业秘密保护的管理要求融入研发、销售、采购、人力资源等业务流程中,定期审视并结合业务运作中发现的问题和案例持续进行管理改进;向全员开展商业秘密保护宣传、培训、考试,使员工充分知悉商业秘密合规遵从的义务及责任;通过检查、审计等方式对保护他人商业秘密工作情况进行监督,确保政策、制度及流程有效落地;建立问责机制,发布《关于侵犯他人商业秘密违规的问责制度》《信息安全违规问责定级标准》等文件,对违规行为进行问责。

管理赋能

与企业的其他资产相比,知识产权具有无形性、专有性、时间性、地域性等特征,因此,科创企业要根据这些特征给予专业化的管理。科创企业管理者对知识产权认知不足或管理不善容易导致技术成果流失、产品研发浪费、市场拓展受阻、估值融资过低等问题。

当下与科创企业最为相关的两类知识产权分别是专利权和技术秘密,一类是通过公开信息换取权利,另一类是通过信息保密确保其权利,本章分别介绍了这两者的异同。在实际操作中,科创企业可以将多种知识产权形式组合运用,打出一套漂亮的"组合拳"。

---

① 华为发布创新和知识产权白皮书2020[EB/OL].华为官网,https://www.huawei.com/cn/news/2021/3/huawei-releases-whitepaper-innovation-intellectual-property-2020,2021-3-16.

② 知识产权与商业秘密保护[EB/OL].华为官网,https://www.huawei.com/cn/compliance/intellectual-protection,2022-4-20.

讨论案例

绿叶制药的知识产权战略①

2014年7月,绿叶制药集团(以下简称绿叶制药)在香港联合交易所主板上市,成为当时中国最大的制药企业IPO。

绿叶制药于1994年成立于山东省烟台市。随着市场的发展和管理层的努力,绿叶制药在20年间逐步拓展成为以天然药物、新型制剂及生物技术产品为特色的综合性医药研发、生产及销售企业。

截至2021年年底,绿叶制药有员工4 000余人,其中,研发人员有300多人,共有30多个上市产品,涵盖了抗肿瘤、中枢神经、消化代谢及心血管等多个领域。在其销售的医药产品中,有自主知识产权的创新药及创新制剂的比例占到90%以上(图2-2)。

	肿瘤领域		心血管系统领域		消化和代谢领域		中枢神经系统领域	
商品名	力扑素	希美纳	血脂康	麦通纳	贝希	思瑞康及思瑞康缓释片	金思明
商标	力扑素	希美纳 CMNa 注射用甘氨双唑钠	血脂康	麦通纳	贝希 阿卡波糖胶囊	思瑞康 Seroquel	金思明
通用名	注射用紫杉醇脂质体	注射用甘氨双唑钠	血脂康	注射用七叶皂苷钠	阿卡波糖胶囊	富马酸喹硫平片及富马酸喹硫平缓释片	利斯的明贴片
适应症	卵巢癌、乳腺癌、非小细胞肺癌	肿瘤放射治疗增敏剂	高脂血症	脑水肿、创伤或手术所致肿胀、静脉回流障碍性疾病	配合饮食控制二型糖尿病	精神分裂及双相情感障碍	中至重度阿尔兹海默症或帕金森综合症所致的痴呆症
中国市场准入	8个省医保	国家医保目录	国家医保目录基药目录	国家医保目录	国家医保目录基药目录	国家医保目录	国家医保目录
市场覆盖情况	中国	中国	中国大陆、中国香港、中国台北、新加坡、马来西亚	中国	中国	覆盖中国大陆、亚太、拉美、欧洲、中东、非洲等51个国家或地区	覆盖美国、欧洲等30个国家或地区
2020 1H 市场份额¹	26.5%²	100.0%³	97.9%⁴	65.7%⁵	7.3%⁶	N.A.	N.A.

图2-2 绿叶制药的主要产品线

---

① 本案例由复旦大学管理学院案例研究员陈扬波、张春依根据企业调研和公开资料撰写。案例仅作为教学和研究资料在课堂讨论中使用,不代表对本案例所含相关内容的认可,不作为原简数据的来源,也不暗示某种管理方法或策略一定有效或一定无效。案例相关问题咨询请联系复旦大学管理学院案例中心:021-25011399。

©本案例的版权归属复旦大学管理学院所有,未经许可,不得以任何方式复印、抄袭、存储、传播和出售本案例的任何部分,也不得制作成其他形式的版本。如需取得使用授权,请致电 021-25011399、25011388,或邮件联系: case@fdsm.fudan.edu.cn。

目前,绿叶制药82.5%的销售额来自中国市场,17.5%来自海外市场。2017—2019年,绿叶制药的销售收入从38.15亿元增长到63.58亿元;净利润从9.81亿元增长到14.69亿元,年均增长率均超过10%。受到新冠肺炎疫情的影响,2020年公司业绩出现下滑。2021年公司营业收入为53亿元,净利润则下降到5.6亿元(图2-3)。

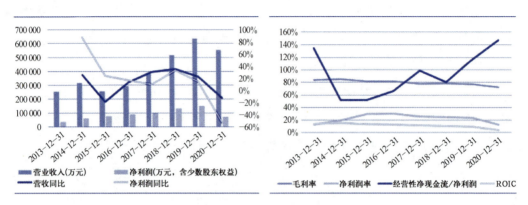

图2-3 绿叶制药的营收和利润变化

虽然公司总体业绩有所下滑,但绿叶制药坚持在创新研发方面保持了足够的投入。公司的研发费用率始终保持在10%以上,从2019年的10.5%增长到2020年的11%。截至2021年年底,绿叶制药在国内拥有31个在研产品,在美国、欧洲和日本拥有12个在研产品。

绿叶制药的管理层从2014年上市迄今便确定走以创新研发为驱动打造国际制药企业的发展道路,药物研发和药品专利知识产权战略也成为公司的重点发展战略之一。绿叶的知识产权战略,也伴随着公司的成长,呈现出不同阶段的发展特色。

制药行业的知识产权武器

制药行业具有高技术、高研发投入和高风险特征。对于医药研发企业来说,由于在研产品往往需要经历长达数年或更长的研发周期,且最后只有少数能实现成功上市,因此,必须要保持上市产品的高利润和高回报才能支撑公司整体的研发投入。

礼来、罗氏、葛兰素、辉瑞等跨国公司会根据现有研发和市场产品的基础专利推进技术改进创新,并将延伸出来的外围和改进技术一并提出专利申请和法律保护,形成一个以基础专利为中心、辅以外围从属专利构成的专利保护网和技术壁垒,来预防和阻挡竞争对手进入相关领域。

专利和知识产权战略已经成为跨国公司打击竞争对手、限制竞争对手市场发展的重要战略组成部分。跨国公司在进入和投资对外市场的时候,往往会由母公司将专利授权给对外投资的子公司,并会随时准备对所在市场的竞争对手发起专利诉讼,从而实现对竞争对手产品开发的干扰和限制,并造成对其市场声誉的负面影响,以达到市场收益最大化的目的。

本土仿制药的专利战略

1994年,刘殿波、袁会先和杨荣兵共同创立了绿叶集团的前身——烟台绿叶制药有限公司。在成立之初,绿叶制药只是一家生产仿制药的小型企业,但刘殿波和他的合伙人志不在此。刘殿波认为绿叶制药想要在将来成为一家长久发展的大型制药企业,必须要走自主研发和产品创新的道路。

1997年,刘殿波前往美国考察时了解到美国跨国公司利用专利独占市场并获取高额利润,深受启发。刘殿波回国后和绿叶制药的管理层商定:公司要做差异化的创新产品,培养自主研发能力,以研发和知识产权作为企业发展的基础,以国际化作为企业发展的目标。由此,研发和知识产权从一开始便作为绿叶制药的公司战略被最高管理层纳入日常工作中。

经过研究,绿叶制药在起步阶段采取专利模仿和跟随策略,先研究领先药企的产品和专利,逐步在外围进行研发和专利申请,最终构建自己的竞争优势。

知识产权部的启动

作为公司国际化的第一步,绿叶制药于1998年开始承接国外药品的中国分销代理业务,也开始探索原料药的海外出口业务。1999年,绿叶制药正式成立研发中心,负责新制剂和天然药物的研发,绿叶也成为中国最早一批成立研发中心的本土药企。绿叶制药的研发中心状况如图2-4所示。

1998年,绿叶制药正式成立了知识产权部,负责公司的国内和国际专利申请以及专利战略的制定和实施工作。同时成立研发中心和知识产权部的目的,是以专利护航公司研发和市场,制定集团知识产权战略,将知识产权保护和管理纳入创新研发、产品生产和市场销售的全过程。5位全职员工加入知识产权部,并直接向公司CEO汇报。至此,绿叶制药成为中国医药行业第一家成立独立知识产权部门

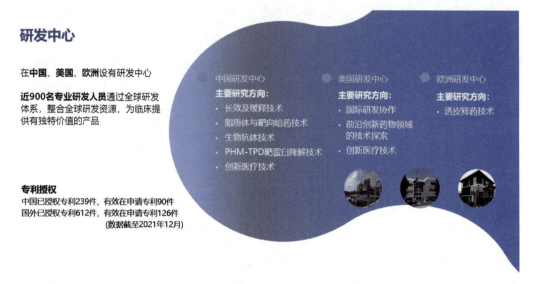

图 2-4　绿叶制药的研发中心状况

的制药公司。

从知识产权部成立伊始,绿叶制药坚持每年将销售收入的 8%—10% 投入研发,其中的 10% 专项用于知识产权的相关工作。知识产权部的主要职能包括:建立知识产权专业团队;完善公司知识产权制度;建立知识产权管理小组和保护决策小组;培植公司知识产权文化;运用知识产权信息战略;建立企业核心技术专利数据库。此外,知识产权部还负责知识产权资产运营、知识产权尽调与评估、涉外知识产权合作、国外知识产权本土化业务等专项工作。

随着公司国内外业务的快速拓展,大量的研发项目及产品迫切需要一整套专业的知识产权支持,公司现有的人手没有办法负担快速增长的业务需求。公司决心采取"内培外招"并举的方式来快速提升知识产权部门的专业能力和规模。

一方面,公司从内部招募学习能力强的同事加入知识产权部。这些员工必须具有药学、生物、化学相关专业技术背景,再去接受知识产权和信息化工作的相关培训。为了配合绿叶制药的海外拓展计划,公司还组织知识产权部的同事参加系统、专业的英文培训,在提升语言能力的同时,还学习了海外目标市场的知识产权相关法律。

另一方面,在"内培"的基础上,对于一些需要特殊背景和经验的岗位,公司采取了"外招"的方式。例如,从国家知识产权局引进资深审查员,在美国招募有多年诉讼经历的当地律师,等等。"外招"补齐绿叶制药知识产权部的"短板",实现敏捷的应战能力。

随着公司业务的开展,知识产权部在绿叶制药的各子公司都安排了专业人员。除了集团核心部门负责的整体知识产权战略制定、战略管理、重大商务谈判和诉讼之外,子公司部门和人员要跟进所辖范围的产品专利申请及项目支持等具体工作,并通过密集的周报、月报和工作总结制度,与总部协同作战,构成有机的整体。

国际化知识产权战略

基于管理层在创立之初的共识,国际化与自主研发是公司并行的两大战略。绿叶制药在1998年成立国际业务部,主要职能包括成品药出口、对外技术合作、进口分销代理、海外并购等业务。

在确定公司"研发—专利—国际化"的战略目标后,自1998年起,绿叶制药便开始专注以知识产权为核心的产品发展策略。刘殿波和管理层发现,在中国市场有很多具有自主研发技术和专利产品的中小型药企。如果能在跨国药企专利网之间的空白及外围市场,通过收购整合具有潜力专利产品的中小公司,是一个非常好的发展机会。因此,一方面,知识产权部依据公司的研发和产品布局,在国内寻找合适的产品技术公司,并通过合作或收购的方式来拓展业务范围;另一方面,绿叶制药通过海外上市和海外并购来推动知识产权的国际布局。2004年,绿叶制药在新加坡主板IPO。利用新加坡上市的资源和融资,绿叶制药于2007年收购了Wearnes Biotech & Medicals Pte.Ltd.公司,迈出了海外并购的第一步。

借由国内外并购与合作,绿叶制药初步形成肿瘤药、消化代谢药、心血管药等产品布局。在布局产品线的同时,公司的专利申请和专利布局也随之实施。其专利申请和授权状况见表2-2。

表2-2 绿叶制药的专利申请和授权状况

专利授权(截至2021年2月)	科 研 水 平	科 技 奖 励
中国已授权专利240件 其中,有效在申请专利74件	承担国家级课题45项 承担省部级课题102项 多篇高影响因子学术论文	国家和省部奖励29项 含:国家技术发明二等奖1项 　　国家科技进步二等奖1项 　　中国药学会科学技术一等奖 　　1项
国外已授权专利665件 其中,有效在申请专利132件		

在专利申请布局上,绿叶制药在国际市场采取迂回的策略,先从发展中国家市场做起,注重自身具有一定技术研发优势的产品在发展中国家先行进行产品注册和专利申请,继而向发达国家市场注册布局。

通过学习华为、中兴等IT企业在进入海外发达国家市场时的经验,孙丽芳为绿叶制药知识产权部制定了一套"主动服务"式的海外知识产权战略。该战略的要点在于:知识产权工作必须以海外业务拓展目标为基础,主动地提供具体配套和保驾护航服务。

当绿叶制药以发达国家市场为目标时,知识产权部会从目标市场的检索调研分析开始,从技术角度分析产品在目标市场的先进程度和可专利度,从法律角度分析产品在目标市场是否存在侵权的风险,从而为产品的知识产权攻守策略提供精准的判断。

在立项阶段,知识产权部和研发部门紧密配合,围绕药品研发的不同阶段,为研发部门提供包括侵权风险和可专利性的详细分析,提前规避研发产品在目标市场可能存在的风险,利用自身专业性和审慎调研减少研发资源浪费。

在研发阶段,知识产权团队和研发团队通过双周例会紧密沟通相关风险和合适的技术路线。由专职专能的知识产权人牵头,绿叶制药会针对每一个在研项目和目标市场,采取专利全面挖掘、专利实时监测、专利网保护相结合的整体战略。在专利申请方面,绿叶制药对药物的化合物、晶型、制剂、杂质和新用途进行国内和海外目标市场的专利申请,形成以目标市场为导向、紧密结合产品战略的专利保护网。

在针对海外市场的不断开拓进取过程中,如何培养自身有效的法律应对能力也是绿叶制药知识产权部需要应对的挑战。针对最重要的美国市场,2019年公司聘请了毕业于哈佛大学法学院、具有丰富专利诉讼经验的美国专利律师,全职负责美国市场的知识产权工作。

全生命周期战略

2010年以来,绿叶制药集团全面推进公司的国际化战略。为此,绿叶制药知识产权部采取了两个方面的战略举措:海外本土化和药品全生命周期。

在之前的国际化战略实施过程中,绿叶制药更注重的是通过海外并购扩充公司的研发产品条线和专利技术,以便快速提升公司的创新研发能力和做好专利布局。随着公司业绩的进一步发展,绿叶制药的国际化战略开始兼顾海外市场的布局和拓展,这要求其知识产权部着手制定海外本土化的知识产权新战略。

在总结之前的经验教训基础上,绿叶制药进一步关注药品研发的专利主动性和全面化管理,从而总结出绿叶制药具备自身特色的药品全生命周期知识产权管理制度。

所谓药品全生命周期知识产权管理,即以知识产权部和研发部牵头,将药品研发的整个流程都纳入知识产权和专利布局的管理范畴中。从一开始的项目前景研究和立项,到临床前、临床Ⅰ-Ⅱ-Ⅲ期试验,上市许可申请及上市销售的全过程,知识产权部门都要以知识产权为标的展开前期评估、中期跟踪、及时布局、风险预警、合同审核和诉讼应对等对应工作,为药品研发提供从方向确定、可行性研究、风险预警和应对以及结果评估的全流程支持(图2-5)。

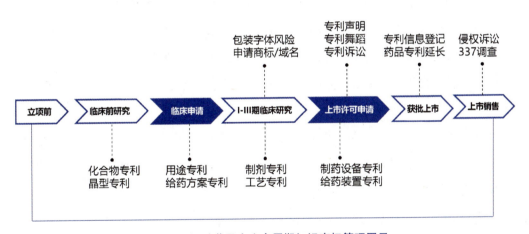

图2-5 绿叶药品全生命周期知识产权管理图示

通过全生命周期的知识产权管理,绿叶制药的知识产权部门成为参与公司产品战略制定的重要成员,能够科学地管理医药创新研发的整体流程,主动和针对地在研发成果和收益方面贯彻公司的产品战略。

以医药前期导向性研发为例,知识产权部会集合目标市场的专家,先期就公司可能发展的目标市场领域展开产品和专利调研,调研市场已有产品和专利的布局状况,研判可能存在的市场机会空间和专利延伸发展点,并就现有的调研结果形成完整的目标市场专利图谱,提供给研发团队,并主动为研发团队提供目标市场可能存在的产品机会和研发路径空间。这种主动寻找技术创新机会点和专利路径的做法，帮助研发团队和公司大大节省了时间成本，提高了新产品成功上市的概率和效率。

全生命周期的知识产权管理策略为绿叶制药的全部产品线和市场拓展项目提供了全面而持久的保护和支持。根据公司的要求，一个专业的知识产权人员往往会长期、持久地跟踪和服务一个产品及项目。据知识产权部"最长"的全生命周期项目记录，有一名知识产权人员自2006年至今一直服务于同一个项目。虽然也有一些项目因为研发或专利问题最终被放弃，但全生命周期知识产权战略为绿叶制药推出更多的成功系列产品提供了专业而持久的支持。

知识产权战略的挑战

2018年以来，绿叶制药强化了其原有产品线的研发和市场布局，并通过国内外并购进一步拓展了其在生物医药、新型高端制剂等领域的积累和优势。

一份调研报告指出，中国制药企业总体上可以分为两类：一类是具有核心专利网和核心技术工艺黑箱，能够在核心产品上建立起令竞争对手难以模仿的高深壁垒的研发导向型公司；另一类是缺乏类似前者的核心技术壁垒，但具备较大的规模和强大的商业运作能力，在大规模临床和市场运作、研发投入体量方面具备优势的商业运作型公司。绿叶制药是从商业运作型向研发导向型过渡的制药企业，其核心竞争力有赖于国际化的开拓，利用资本市场融资兼并，推动自身核心技术的开发和积累。

此时，知识产权团队也面临着越来越大的挑战和压力：一方面，绿叶制药不断拓展的海外市场，以及不断增加的产品线带来了巨大的工作负荷。近期收购的国内外公司和专利项目，以及在生物制药和化学制药两大赛道上的全面拓展，都需要知识产权部提供专业的保驾护航服务能力。另一方面，绿叶制药面临的盈利压力也不断提升，公司向研发导向型专业制药公司转型的希望也更加迫切。公司高层也希望知识产权团队能够在公司盈利和战略升级上发挥更大的作用。

 **案例思考题**

1. 绿叶制药的知识产权战略是如何与公司整体战略相配合的？

2. 基于战略目标和现状,绿叶制药的知识产权战略面临哪些挑战和变化?
3. 绿叶制药的知识产权战略后续应该如何发展?

附 录

1. 绿叶制药的发展历程

表 2-3 绿叶制药的发展历程

时 间	事件类型	事 件 情 况
1994 年	——	山东绿叶(前身为烟台绿叶制药有限公司)成立
1995 年	——	开始生产麦通纳,该产品为注射用七叶皂苷钠,后成为公司的主要产品之一
1999 年	——	烟台研发中心成立,主要负责新型天然活性成分及药物新配方的研发工作
	——	国家人事部批准山东绿叶成为企业博士后科学研究工作站
2001 年	外延	收购绿汀诺的生产及销售专利权。绿汀诺用于治疗酒精性及其他药物导致的肝中毒,于 2003 年上市,随后成为公司的注射用还原型谷胱甘肽品牌,一度成为主要产品
2004 年	资本运作	公司在新加坡证券交易所主板上市
2006 年	外延	收购抗癌注射剂希美纳及其分销网络,切入肿瘤科市场,该药物为配合若干实体肿瘤放射治疗的敏化剂
2007 年	外延	收购南京思科(现南京绿叶思科),获得肿瘤科药品的相关研发平台及药物生产设施,继续布局肿瘤科市场。南京思科的主要产品力扑素及天地欣已成为绿叶制药当前的主要产品,力扑素也是 IQVIA 数据显示的我国 2020 年国内第二大的抗癌药品种
	外延	收购北大维信 43.0% 的股权,该公司主要经营心血管系统产品,主要产品血脂康随后成为绿叶制药的主要产品之一
2009 年	外延	收购北大维信 26.6% 的股权,对北大维信的持股比例增至 69.6%
2010 年	——	建设长效和靶向制剂实验室,深耕先进药物递送技术

续表

时间	事件类型	事件情况
2011年	外延	收购四川绿叶宝光药业(四川绿叶)全部股权,进入糖尿病领域并巩固公司在消化与代谢领域的地位。四川绿叶的主要产品贝希随后成为绿叶制药的主要产品之一
2012年	资本运作	完成私有化,并于新交所除牌
2013年	出海	固体制剂生产线通过欧盟cGMP检查;中枢神经领域多个自主研发的创新药、创新制剂在美国开展注册临床研究
2014年	资本运作	公司在中国香港IPO
2015年	——	成立绿叶风险投资
	出海	LY03004微球制剂在美国完成全部注册临床研究
2016年	外延	收购Acino,该公司的主要产品为透皮释药系统(治疗中枢神经系统、疼痛及激素方面较复杂的专用贴剂),包含完整的研发、生产和销售体系
2017年	管线引进	以4.5亿元的价格从关联方博安生物引进LY 01008(贝伐单抗生物类似药)、LY 06006(抗RANKL单抗Prolia生物类似药)及各自的技术,数据连同该等产品附带的一切权利(包括但不限于临床试验批件)
2018年	管线引进	以5.46亿美元从AstraZeneca收购抗抑郁特性的非典型抗精神病药物思瑞康(富马酸喹硫平、选释、IR)及思瑞康缓释片指定地区许可,许可证覆盖51个国家和地区,包括中国、英国、巴西、澳大利亚、沙特阿拉伯、墨西哥、韩国、泰国、阿根廷、马来西亚及其他位于亚洲、拉丁美洲、非洲、大洋洲和东欧的国家和地区。思瑞康2020年为国内第三大的精神分裂症诊疗药品
	管线引进	与Bayer AG达成协议,获得Apleek的全球权利,Apleek是含有乙炔雌二醇和孕二烯酮的新一代联合激素7日避孕透皮贴剂,由Luye Pharma AG和Bayer AG合作开发
	联合研发(药物发现外包)	与Biophamaceuticals Corp.(Elplis Biopharm)达成合作并签署授权协议,共同探索和开发双靶点嵌合抗原受体T细胞免疫疗法(CAR-T)及生物候选药物,Elpis Biopharm将使用其独有的抗体发现平台生产由绿叶制药及Elpis Biopharm指定靶点的下一代双靶点CAR-T候选产品,绿叶制药负责中国范围内有关该项合作产生的所有候选疗法的开发和商业化

续表

时间	事件类型	事件情况
2019年	—	力扑素被2019年CSCO原发性肺癌诊疗指南列为一线用药
	管线引进	从PharmaMar引进Ⅲ期临床阶段的肿瘤药物Zepsyre。PharmaMar是一家发现和开发新型海洋衍生抗癌药的企业，Lurbinectedin(Zepsyre®)是一种海鞘素衍生物，绿叶制药拥有该药物在中国开发及商业化的独家权利，包括小细胞肺癌在内的所有适应症，并可要求PharmarMar进行该药物的技术转移，由绿叶制药在中国生产。小细胞肺癌占全部肺癌患者的10%—15%，比非小细胞肺癌侵袭性更强、更难治疗，五年生存率仅为5%—10%
	出海	缓释微球注射剂Rykindo的生产基地成功地通过美国FDA首次PAI检查，该药物可用来治疗精神分裂症及双相情感障碍Ⅰ型，每两周注射一次
	外延	2019年12月1日宣布收购博安生物，以加速推动生物药业务的全球布局，收购后绿叶制药将获得博安生物的所有在研产品、抗体筛选平台、知识产权、抗体生产平台等一系列资产，进而在生物药领域形成从研发、生产再到商业化的完整产业链布局。 博安生物是一家综合性生物制药公司，致力于抗体产品开发，包括生物类似药和创新药，聚焦肿瘤、中枢神经系统、糖尿病及免疫疾病，在抗体生成及先导优化物、细胞系建立及工艺开发、中试生产及商业化生产方面积累了丰富的经验，并拥有全人抗体转基团小鼠技术、噬菌体展示技术及纳米抗体平台。除中国，该公司也在美国及欧盟市场从事生物产品开发
2020年	出海	与Cipla Medpro针对思瑞康和思瑞康缓释片签署在南非、纳米比亚及博茨瓦纳的独家分销和推广协议，该公司是南非第三大的私营医药公司
	—	力扑素获CSCO乳腺癌诊疗指南一线化疗推荐，当年力扑素进入新版国家医保目录
	—	金斯明在中国获得上市批准，帮助中国患者提升阿尔茨海默病的治疗安全性
2021年	资本运作	2021年2月完成了高瓴资本的大额定增，高瓴资本成为公司的第二大股东，持股比例达到15.6%
	—	微球制剂瑞欣妥®(LY03004)获批上市

资料来源：国元国际研报.绿叶制药：业绩将持续增长，新药研发逐步出结果[EB/OL].同花顺财经，https://baijiahao.baidu.com/s?id=16539838820856651820&wfr=spider&for=pc,2022-12-26.

2. 绿叶制药的战略目标及定位

全球研发
- 以**小分子/NDDS和生物抗体**作为基石领域，积极布局和探索新兴技术领域，内部资源聚焦优势研发项目，加速上市
- 国内市场聚焦**中枢神经、肿瘤、消化及代谢、心血管**领域
- 海外市场聚焦**中枢神经、肿瘤**领域
- 逐步加大研发投入，内外兼修打造**差异化创新**的研发能力

全球市场
- **中国为核心**，**美国为旗舰**，欧洲五国为基石，亚太等新兴市场带来短期现金流，日本为长期机遇市场
- 在**中国市场全面开拓管线**，**美国市场尤其重在剂型改良**，在欧洲尤其重在生物类似药，利用美国和欧洲的审批在亚太等新兴市场销售剂型改良产品、生物类似药和小分子中枢神经系统药物

全球制造
- 短期内重点建设符合**国际质量标准**的中国生产基地
- 中长期建立海外生产基地，建立**全球供应链管理**，统筹产能规划及确保供应
- 建立全球布局及管理能力，以及应变能力

投融资并购
- 以**创新为核心**，引进与产品组合战略吻合的项目；将内部与战略吻合度低的产品引出；增加短期资金
- 在**中、美、欧、日**市场开展一系列并购和合作

到2025年成为**全球50强**的国际性专业制药公司

图 2-6　绿叶制药的战略目标及定位

资料来源：绿叶制药.Luye NDR CHN 2020.2020.

3. 绿叶制药的国外/国内研发产品线

海外研发产品线

在**中枢神经系统、肿瘤**等领域，公司已有**十多个创新制剂及创新药**在美国、欧洲、日本等市场开展注册及临床研究，并取得突破性进展

治疗领域	产品编号	适应症	国家/地区	开发进度 PC	IND	Ph I	Ph II	Ph III/Pivotal	NDA	
中枢神经系统	LY03004	精神分裂症和双相情感障碍	美国					→		
			欧洲				→			
	LY30410	阿尔茨海默病	欧洲						→	在欧洲多国获上市许可
			日本				→			
	LY03005	抑郁症	美国						→	
			日本			→				
	LY03003	帕金森病和不宁腿综合征	美国					→		
			日本				→			
			欧洲				→			
	LY03009	帕金森病和不宁腿综合征	美国			→				
	LY03010	精神分裂症	美国			→				
			欧洲			→				
	LY03015	迟发性运动障碍、亨廷顿舞蹈病	美国		→					
肿瘤	BA1102	实体瘤骨转移、骨巨细胞瘤	美国			→				
			欧洲			→				
骨科	BA6101	骨质疏松	美国				→			新给药途径 小分子新化合物
			欧洲				→			
抗病毒	LY-CovMab	新型冠状病毒	全球		→					抗体

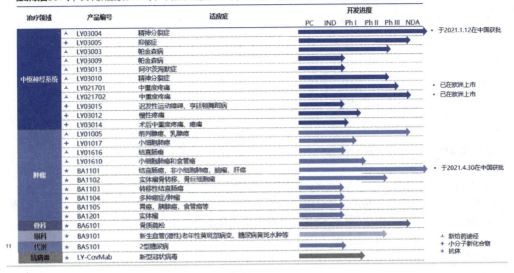

图 2-7 绿叶制药的研发产品线

资料来源：绿叶制药.Luye NDR CHN 2020.2020.

4. 绿叶制药的财务报表

表 2-4 绿叶制药的财务报表

单位：百万元

资产负债表					利润表				
会计年度	2019A	2020E	2021E	2022E	会计年度	2019A	2020E	2021E	2022E
现金及等价物	2 325	2 308	4 486	6 313	收入	6 358	7 048	8 149	9 568
应收账款	1 698	2 819	3 260	3 827	毛利	4 879	5 004	5 704	6 602
存货	615	1 022	1 222	1 483	其他收入	316	328	341	355
其他流动资产	4 722	4 461	4 272	4 100	销售费用	−2 035	−2 002	−2 282	−2 641
总流动资产	9 360	11 110	13 240	15 724	行政费用	−526	−564	−644	−756
					其他开支	−589	−676	−822	−964
物业、厂房设备	3 162	3 257	3 355	3 455	经营利润	2 045	2 091	2 298	2 597
预付租赁款	256	243	231	220	融资成本	−275	−352	−244	−287
其他非流动资产	6 536	6 499	6 464	6 431	税前利润	1 772	1 739	2 055	2 311
总资产	19 314	21 109	23 290	25 830	所得税	−280	−244	−267	−300
					税后利润	1 492	1 496	1 788	2 011
银行借款	3 944	4 338	4 772	5 249	少数股东权益	23	23	23	23
应付账款	298	409	489	593	股东净利润	1 469	1 473	1 765	1 988
其他流动负债	1 304	1 347	1 395	1 447	基本每股收益	0.46	0.46	0.55	0.62
总流动负债	5 546	6 094	6 656	7 289					
递延税项负债	78	82	86	90	主要财务比率				
银行及其他借款	2 289	2 404	2 524	2 650	会计年度	2019A	2020E	2021E	2022E

续 表

资产负债表					利润表				
其他	2 029	1 662	1 369	1 134	盈利能力				
负债总额	9 942	10 241	10 634	11 163	毛利率	76.7%	71.0%	70%	69%
					净利率	23.1%	20.9%	21.7%	20.8%
股本	421	421	421	421					
储备	6 056	7 551	9 339	11 348	营运表现				
股东权益	9 224	10 717	12 502	14 510	SG&A/收入	32.0%	28.4%	28.0%	27.6%
少数股东权益	148	151	154	157	管理费/收入	8.3%	8.0%	7.9%	7.9%
总权益	9 372	10 868	12 656	14 667	研发/收入	9.3%	9.6%	10.1%	10.1%
总负债和总权益	19 314	21 109	23 290	25 830	实际税率	15.8%	14.0%	13.0%	13.0%
					股息支付率	25.0%	25.0%	25.0%	25.0%
现金流量表					存货周转天数	148	146	168	166
会计年度	2019A	2020E	2021E	2022E	应付账款天数	71	63	67	67
税前利润	1 772	1 739	2 055	2 311	应收账款天数	93	117	136	135
调整项目	113	113	575	595					
营运资金变化	−2 378	−1 062	−276	−455					
所得税	−212	−253	−276	−308	财务状况				
营运现金流	−702	538	2 079	2 144	负债/权益	106.1%	94.2%	84.0%	76.1%
资本开支	−325	−95	−281	−302	收入/总资产	32.9%	33.4%	35.0%	37.0%
其他投资活动	−86	13	−154	−170	总资产/权益	2.06	1.94	1.84	1.76
投资活动现金流	−411	−82	−434	−472	盈利对利息倍数	6.45	4.94	8.41	8.05
已付利息	−113	−113	−226	−212	现金比率	0.42	0.46	0.67	0.87
其他融资活动	1 933	140	259	368	总资产收益率	7.7%	7.1%	7.7%	7.8%
融资活动现金流	1 820	27	33	156	净资产收益率	15.9%	13.7%	14.1%	13.7%
现金变化	707	483	1 678	1 827					
汇兑调整	−54	0	0	0	估值比率(倍数)				
期初持有资金	1 673	2 325	2 808	4 486	PE	9.43	9.40	7.84	6.96
期末持有资金	2 325	2 808	4 486	6 313	PB	1.47	1.12	0.96	0.83

资料来源：国元国际研报.绿叶制药：业绩将持续增长,新药研发逐步出结果[EB/OL].同花顺财经,https://baijiahao.baidu.com/s?id=1653983882085651820&wfr=spider&for=pc,2022-12-16.

第 3 章 科创企业的研发与转化管理

> 没有受到保护的研发就是在为竞争对手做研发。
>
> ——佚名

▶ 本章要点

- 深入理解科创企业产品研发管理的目标与内容;
- 提出科创企业新产品研发的两大策略方向;
- 阐释产品研发过程与知识产权管理过程如何融合。

科技成果价值实现闭环的第一步是创造,即选择合适的技术与新产品研发方向,确保研发成果的先进性,并通过管理实现成果的交付与市场转化。产品研发作为科创企业的核心,在科创企业发展中占据着举足轻重的地位。科创板尤其强调企业研发的先进性、研发的可持续性以及成果的自主可控性,这就要求企业在研发目标的设定以及研发过程的管理上,提前融入知识产权管理的理念,规避研发活动中的潜在法律风险。

本章将在综述企业技术研发管理目标与内容的基础上,重点讨论企业如何选择合适的新产品研发策略,并介绍如何在科学的集成研发过程管理体系基础上,无缝地融入知识产权的全过程管理,期望帮助科创企业通过有效的管理研发出更符合市场需求的、更具竞争力的科技成果。

3.1 科创企业的产品研发管理目标与内容

3.1.1 产品研发管理的定义

> 研发,即研究与开发,是指各种研究机构、企业为获得并创造性地运用科学技术新知识,实质性地改进技术、产品和服务,将科研成果转化为质量可靠、成本可行、具有创新性的产品、材料、装置、工艺和服务的系统性活动。

不同产业之间的研发关注的内容差异巨大,关注的重点有所不同,例如,生物医药领域的研发涉及的内容非常广泛,从最源头的原材料、化合物,到产品的生产工艺、安全检测,甚至是最后的配送、存储都要有针对性地研发;而信息技术产业,尤其是软件产业,研发更多集中在产品端,对工艺或配送等环节的研发需求较少。

产品研发不仅是企业在竞争日益激烈的市场环境下创造竞争壁垒的手段,也是企业在市场需求快速变化中保证持续经营的必要投资。研发新成果的产出可以使企业在新赛道上领先于竞争对手,也可以在旧产品不再满足市场需求时给企业带来新的利润。因此,产品研发已经成为当代企业最重要的工作之一。然而,研发是一种创新型的复杂活动,不仅需要巨大的投资,而且面临着较高的失败风险,产品研发的创新性和复杂性决定研发过程中需要大量人力、物力、资金等资源的支持。仅从资金投入上来看,统计数据显示,2019年全球的技术研发机构和企业在技术研发上的支出占全球GDP的2.7%[①]。新产品研发的创新性和复杂性也使技术研发过程具有极大的不确定性,导致研发具有较高的失败率。

---

① 数据来源:美国国家科学基金会,https://ncses.nsf.gov/pubs/nsb20221/u-s-and-global-research-and-development;德国Statista数据平台,https://www.statista.com/statistics/268750/global-gross-domestic-product-gdp/.

如何在企业有限的资源供给下应对产品研发的巨大资源需求？如何在产品研发过程的高度不确定性下降低失败率？产品研发管理便应需而生。著名的产品开发战略专家迈克尔·麦克格拉斯(Michael E. McGrath)在《下一代产品开发：如何提高研发生产率、降低成本和缩短开发周期》中提出，技术与产品研发是一个过程。市场机遇和技术等投入项目汇集在这个过程里，其结果是产品。这个过程是可以被定义、构架及管理的，并且像任何过程一样，是可以不断改进的。谁的过程优良，谁就有优势。产品研发管理可以通过对研发资源的合理分配、对研发路径的正确选择、对研发策略的科学部署、对研发过程的科学管理等，来提高研发资源的利用率和研发的效率，从而提高研发的投入产出比。

3.1.2　产品研发管理的目标与内容

研发管理与企业其他任何职能，如财务、人力资源、营销、知识产权等一样，都是为企业战略服务的。对于任何企业的研发管理而言，一定是在企业战略导向下，通过有效的路径选择，融合市场需求与技术基础，为企业带来最有竞争力的产品。产品研发管理的目标就是要形成从战略到产品方向、从需求到项目、从研发到交付、从供应到生产，端到端的一体化集成研发管理体制，为企业新产品的开发提供思路、途径和组织保证。

因而，产品研发管理产生价值的前提是企业首先要制定出能够产生高价值的产品研发战略。技术与新产品研发需要在企业总体战略的指导下，对企业未来的技术能力、产品方向、研发管理方式等形成长远而清晰的目标。例如，是做行业的技术追随者还是技术领先者？如何参与竞争？同时，还要在企业战略的要求下规划产品研发的方向，根据企业战略中对企业未来在产业中的定位来选择技术创新路径。确定产品研发的方向，可以帮助企业完成产品研发在最有吸引力领域的定位，但要在这一领域内真正取得收获，还需要更加具体的技术创新路径、新产品研发策略等来落实产品研发战略。同时，企业还需要规划新产品技术体系，运用科学的研发管理方法，对研发流程进行优化，来提高产品研发战略实施的效率。这些都需要通过产品研发管理来实现。

产品研发管理的内容根据不同的技术类型可能会有所差异，以图 3-1 所示的两个企业的研发管理体系为例,左边是华为的产品研发管理体系。其涉及业务、产品分层管理、流程、平台、组织等多个方面,并且已经形成一套比较成熟的产品研发管理体系。右边是某互联网公司的产品研发管理内容,比较符合互联网公司对互联网大产品研发项目的需求,涉及技术战略的制定、协同机制的设计、研发过程的管理、产品质量的安全性保障方向等。在技术战略制定中他们要求短期突破重点技术,中期实现技术体系化、结构化,长期聚焦可持续发展,推动技术的持续创新和升级。在研发过程管理中,要明确研发策略、目标拆解,将大项目目标逐层拆解成子项目和子子项目,建立完善的大项目拆解、协调和需求交付管理部门的流程机制,结合在线化、数字化的管理手段,形成统一的研发管理体系。

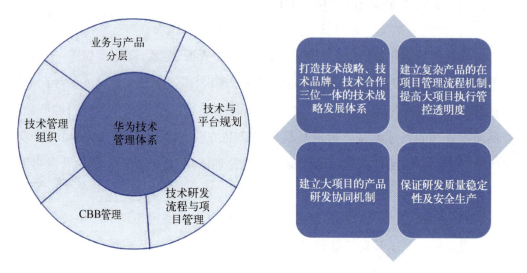

图 3-1　企业研发管理体系举例

资料来源：作者根据公开资料自制.

企业产品研发管理涉及的内容非常多,考虑到本书主要讨论科创企业的知识产权管理,我们选择了两个与知识产权最相关的两部分来进行介绍。一是新产品开发策略的制定,确保知识产权所要保护的科技成果在最初的方向上就是市场导向的而且能实现商业价值;二是对产品研发的过程管理进行介绍,因为知识产权全生命过程管理在某种程度上也是与研发过程息息相关的。

3.2 科创企业的新产品研发策略

对于科创企业而言,要确保研发的新产品是有价值的,首先要保证其研发方向是符合市场需求与企业特征的。"设计思维"曾经给出一个经典三圈相叠的新产品方向选择的模型①:第一个圈是用户需求,用户到底需要什么?大多数科技成果转化的失败不是因为技术不过硬,而是对市场需求的判断不准确。第二个圈是技术可行性,知道了用户的需求,企业在技术与产品上是否能实现相应的解决方案呢?第三个圈是商业的利润度,如果有市场的需求,技术也可以实现,最终的产品是否可以实现商业利润?最佳的新产品创新选择最终一定是这三个圈的交集。

对于企业的新产品研发策略而言,切入点要么从用户需求角度,要么从企业拥有的技术能力角色,去寻找交集才是有意义的,才能确保研发成果的先进性与市场可行性,自然也能实现相应的商业利润。因此,本小节将分别介绍新产品研发的这两大策略以及相应的决策依据。

3.2.1 新产品研发的两大策略方向

我们可以简单地把科创企业的新产品研发策略分为两类:一类是基于优势产品或技术研发相关多元化产品;另一类是基于客户需求研发新产品,这些新产品可能是相关的,也可能是非相关的多元化产品。我们先用案例来解释这两个策略方向的具体含义。

> **微案例** 大疆创新与极飞科技的产品研发路径对比
>
> 大疆创新和极飞科技这两家公司都是中国最早开始原创性地做无人机的厂商,大疆创新成立于2006年,极飞科技成立于2007年,两家公司都通过集成+模块创新的复杂创新法,独立地开发出高性能飞行器,但之后两家公司的发展路径却

---

① [美]蒂姆·布朗.IDEO,设计改变一切[M].侯婷,译.沈阳:万卷出版公司,2011.

大相径庭。大疆创新的新产品研发从航拍无人机开始，逐渐延伸到影视传媒、能源巡检、遥感测绘、农业服务、基建工程等各种各样的前沿应用，做到了无人机应用的各个领域。现在大疆创新的市场份额高达75%以上，在行业内无人不知。

而极飞科技的无人机应用，机缘巧合地应用到了农业并取得成功，然后极飞科技就开始专注于农业无人机的开发。但是极飞科技并没有复制大疆创新的新产品路线，而是专注在农业领域，关注农业用户的其他需求，陆续研发出与无人机完全不相关的产品。根据36氪的报道，极飞科技当前的新产品研发方案包括三部分：第一部分是数字农业基础设施，如高清农田地图、北斗导航网络、农业物联设备；第二部分是基于精准投放的智能农业设备，主要是硬件类产品，可完成厘米级的高精度导航、点到点投放等任务，如农业无人车、农业自驾仪等；第三部分是基于软件的智慧农场管理系统，以SaaS的模式对农产品全生命周期进行管控。这三部分基本都没有提及无人机，因此，从这一角度来看，极飞科技已经不是一个无人机公司了，而是一个典型的农业科技公司。

我们把大疆创新研发新产品的方向称为基于优势产品研发新产品的策略。这一策略从技术与创意出发，持续地寻找应用场景，进行新产品研发与技术优化，为技术找客户。大疆创新就是基于无人机技术为不同的行业提供全新的解决方案，苹果公司也是采用类似的思路。这一类新产品研发思路是想用户之未想，研发出超越用户需求的产品，倾向于在新产品上引领客户的需求。极飞科技的新产品研发方向则是典型的基于客户需求研发新产品的策略。从目标用户的需求出发研发新产品，在推行过程中不断探索新技术，只要是用户需要的，企业并不局限于自己

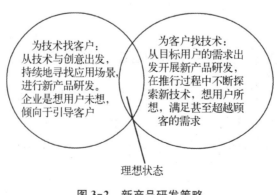

图 3-2　新产品研发策略

所擅长的技术或产品,而是积极地基于用户的需求去开发新的技术或产品。例如,极飞科技本来只会做无人机,但现在拓展到做无人车、农机自驾仪等。这一类新产品研发思路是想用户所想,满足甚至超越顾客的需求。

当公司规模发展到一定程度时,一定会同时采用这两种策略,在某些特定的场景领域基于客户需求研发新产品,然后又用优势技术去开拓更多的新场景,如图3-3所示。但企业在某个时间点,仍然要决策重点采用哪一种新产品研发策略。

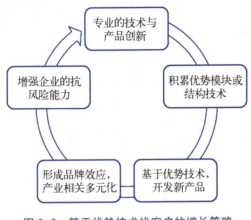

图 3-3　基于优势技术找客户的增长策略

3.2.2　新产品研发策略的选择

要选择新产品研发策略,我们先需要具体了解这两类策略的差异。基于优势技术找客户或找市场的策略的核心是,企业通过持续的技术创新积累了大量的专业知识,甚至是别人不可见的专业知识,这些知识因为技术学习效率曲线的存在,会使得企业学习的边际价值越来越高,从而会帮助企业形成自己的优势模块技术或结构。因此,从知识产权的角度来看,企业在发展早期就应该重视这些优势模块技术的开发与保护,采用进攻型或者合作型的知识产权战略,利用优势技术,比竞争对手提前2—3年推出新产品,从而形成企业的品牌效应,可以快速拓展至其他产业,增强企业的抗风险能力,如图3-3所示。例如,高通和英特尔就是如此。对于这一类新产品研发策略而言,重点是收敛聚焦,基于最优质资源和技术积累形成技术或产品竞争力,不"为变而变",通过优势的研发能力,取得和用户需求博弈的权力。

基于客户需求找技术的新产品研发策略,在一开始也是通过核心技术与产品的创新,获得核心客户的认可,把用户牢牢地沉淀下来。接下来的路径就有所不同了,企业开始深耕用户的行业,提升对用户需求的洞察,想方设法去寻找并集成外部资源或技术,甚至是自己从头研发,形成一系列的相关或非相关多元化新产品,以规模和成本优势形成自己的护城河,如图 3-4 所示。对这一类新产品研发策略而言,核心是变,要比竞争对手更快地集成资源来响应用户需求,形成整合性技术优势,从而更好地锁定客户。从这个角度来看,这一类新产品研发策略下的知识产权策略要更多地强调防御型策略与合作型策略,即让自己的产品在满足客户需求时,没有侵犯到其他企业的知识产权。当然,随着相关与非相关的多元化新产品研发的继续,也可以寻找主动建立竞争壁垒的进攻型知识产权策略。

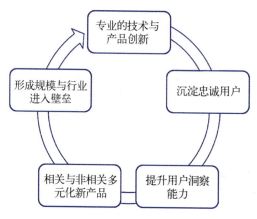

图 3-4 基于客户需求找技术的增长策略

基于优势技术和基于客户需求的新产品研发策略,它们本身并没有优劣之分,只有是否合适,在企业作决策时必需要思考:这两个策略分别对企业提出了什么样的需求?

对于资源驱动型的基于优势技术或产品研发新产品策略,优势非常明显,可扩展性强、市场空间大、如果找到合适的方向则增长速度快,并且拥有核心技术优势,市场谈判力强,容易形成品牌效应。然而,这条新产品研发路径同时也面临巨大挑战,企业需要具备进入新市场的能力,对团队的市场能力要求高,同时需要具备别人不可见的知识,技术上能持续领先。对于需求驱动型的基于客户研发新产品,这一策略的优点是与客户一起成长,锁定客户后市场较为稳定,并且具有行业认知优势、规模优势和数据优势,越到后期这些优势越明显。当然,这种新产品研发策略的挑战也不低,需要深耕行业,对客户的认知强,在行业内有不可或缺的专业优势,同时要求企业对新技术的学习速度快、资源整合能力强。

企业是选择基于优势技术的新产品研发策略还是选择基于客户需求的新产品研发策略并不是一成不变的,而是随着企业的新产品研发阶段的发展而动态演化。通常在新产品研发的初始阶段,企业会选择其中一种新产品研发策略进行切入,在这种研发策略的执行过程中,企业可能会获得一些目标客户,积累一些优势技术,这些情景都为企业创造了选择另外一种新产品研发策略的可能。例如,以基于技术优势的新产品研发策略切入的企业,在获得了一些目标用户后,就有可能选择基于客户需求的新产品研发策略;以基于客户需求的新产品研发策略切入的企业,在积累了一些优势技术后,也可以选择基于优势技术的新产品研发策略。在受企业资源限制的情况下,企业可能是从原有的新产品研发策略转移到另一种新产品研发策略上;当企业资源充足时,企业可能是同时实施两种新产品研发策略。新阶段的新产品研发策略的执行过程中的资源积累又会继续推动企业进入下一轮的新产品研发策略的决策,因而两种新产品研发策略可能是循环交替的或并行不悖的。

科技企业新产品研发的两种技术创新驱动方式的优势与挑战如表3-1所示。

表3-1 科技企业新产品研发的两种技术创新驱动方式

	为技术找客户(资源驱动型)	为客户找技术(需求驱动型)
优势	可扩展性强、市场空间大、找到合适的方向增长速度快,拥有核心技术,竞争力可持续时间长	了解客户需求,并且有行业专业、规模和数据优势,与客户一起成长,锁定客户后市场较为稳定
挑战	需要具备进入新市场的能力,对团队和市场能力要求高,技术具有领先优势	需要深耕行业,对客户的认知强、学习速度快;需要在行业内有不可替代性

微案例 哔哩哔哩的研发策略与知识产权管理的结合

在互联网领域尤其是面向用户端的服务,往往存在着产品迭代节奏快、技术需要拥抱开源社区获得快速演进优化的特点。哔哩哔哩专利团队与产品技术团队共同立足产品的核心特色,积极探索产品和技术的差异化保护。

针对面向用户的前端产品,哔哩哔哩采取了基于客户需求的新产品研发策略,并以保护用户互动体验功能为主:专利团队积极与产品和设计团队密切配合,伴随专利法修改动态调整图形用户界面(Graphical User Interface,GUI)外观专利策略,高效快速获权,跟随迭代节奏保护产品形态,解决了 GUI 设计的可视性所导致的特色功能被轻易模仿和抄袭的问题。

针对支撑前端产品的优势技术,哔哩哔哩则重点关注前置布局和规划,提前感知市场变化:哔哩哔哩成立了技术委员会,从公司层面进行技术布局和规划,承担技术体系建设与品牌提升的工作。一方面,在公司内组织"创新马拉松",激发通用技术的创新;另一方面,在工作中给予技术人员尝试创新突破的机会与资源。在这些创新活动中,专利团队会跟踪创新进程,推进技术专利的前置保护。在近年来,公司产生了蒙版弹幕、互动视频等多个出色的优势项目和专利包。

3.3 技术产品研发项目的过程管理

企业在完成新产品研发方向的选择以及体系规划之后,会在此基础上动态地对产品体系规划进行拆解,通过一个个研发项目完成这一体系的建设以及产品的交付。本小节的内容将聚集在项目层面,讨论如何通过集成的研发过程管理确保研发交付的效率与质量。知识产权管理团队往往在研发项目一开始就要参与其中,寻找可以形成自身知识产权的机会点,并协同研发团队进行规避设计,降低或避免因可能侵犯他人知识产权而引发的经济损失。因此,企业最高管理层非常有必要了解典型的研发过程管理机制以及知识产权与研发过程的融合机制。

3.3.1 研发过程管理的价值

在研发过程管理领域,一直存在着互相冲突的两种观点。一种观点认为研发人员都是高级知识分子,而且研发是高度创新驱动的行为,企业应该更多地采用自组织的管理方式,让这些高能力的精英自我驱动进行产品的研发,不要用流程约束他们的创新,这种观点在当前很多创新驱动的互联网企业尤为盛行;另一种观点认为流程是确保结果交付的重要保障,只要流程执行到位,研发交付通常都不会有太大的风险,因此,在研发过程的管理中要引入更多的流程规范,这种观点在大型科技公司有着更高的接受度。那么,企业的研发管理到底需不需要科学管理呢?

事实上,研发管理领域已经有一些成熟的方法与工具可以使用,比如敏捷研发管理(Scrum)、产品研发生命周期软件(PLM)以及华为力推的集成产品研发管理(IPD)方法等。这些方法慢慢地改善了以往研发过程过于随意、流程不可重复、结果不能复现、没有文档积累、过于依赖英雄等问题。但也有企业抱怨这些研发管理工具遏制了研发人员创新的空间,过多的评审增加了流程的复杂性,有些形式主义或官僚主义,给研发人员带来太多额外的事务。然而,规范的过程方法论一定有其科学性,它能够利用制度和管理的力量让研发过程更为有序和有效,就像在制造管理领域,已经很少会有人去质疑 6Sigma 质量标准管理是否能有效地提升产品质量一样,大家已经接受了任何先进的制造型管理都是通过一系列规范的流程来实现的。因此,科创企业也需要用开放的心态去拥抱这些研发过程管理的方法论。我们可以用一个案例来了解一下规范管理所带来的价值。

微案例 紫光展锐研发管理体系变革的价值

2018 年年底,紫光展锐迎来了一位新 CEO。这位新 CEO 此前曾在业界知名芯片公司任高管职位。对紫光展锐来说,这位 CEO 是一位"空降兵",此前从未在紫光展锐担任过任何职位。在这位新 CEO 刚接手紫光展锐的时候,首要工作就是找来公司的历史文档和财务报表开始梳理工作。一经梳理,他发现作为一个技术型企业,紫光展锐的研发文档完备率不到 7%,这 7% 的完备文档的质量也堪忧[1]。此外,公司没有建立科学规范的管理体制、研发流程、评估标准、风控与监察体系,虽然号称科创企业,但并没有产品研发战略,而是采取技术跟随,导致产品低端化。

2019 年,紫光展锐发起了"自我救亡"运动,从无序的状态逐渐转向有序。公

---

[1] 郜小平.从"被集体抛弃"到搭上一线品牌"国产芯"展锐演绎绝境重生[EB/OL].中国经济网,http://www.ce.cn/cysc/tech/gd2012/202106/25/t20210625_36669722.shtml,2021-6-25.

司重新确定了技术战略,摆脱原有的技术低端陷阱,瞄准业界最高水平开发 5G 芯片,打造技术竞争力。此外,公司发起了研发过程质量管理的大变革:产品研发引入规范流程,包括 IPD(集成产品开发)、CMMI(能力成熟度模型集成)和 TMMi(测试成熟度模型集成)等 7 大业界先进的流程规范体系,重写核心代码。

只用了两年多的时间,紫光展锐的变革举措使公司从低点跃升到业界第一梯队。在技术上,紫光展锐的移动通信技术比肩一线竞争对手,是 2021 年全球仅有的 5 家 5G 芯片厂商之一。

现在大量的科创企业希望引入更专业化的研发管理体系,下文以科创企业最常用的集成产品研发管理模式为例,介绍产品研发各个阶段的管理。

3.3.2 集成产品研发管理

集成产品开发(Integrated Product Development,IPD)是被许多知名科技企业认为先进的、成熟的管理思想、模式和方法。IBM 是首家采用 IPD 模式的科技公司。实施了 IPD 模式后,IBM 的财务绩效和产品的质量表现均有显著提升。华为是第一家把 IPD 引入中国的公司。

微案例 | IPD 与华为

实施 IPD 之前,华为每年将销售额的 10% 投入产品开发,但是研发费用浪费比例和产品开发周期仍然是业界最佳水平的两倍以上。华为销售额虽然连年增长,但产品的毛利率却逐年下降,人均效益只有思科的 1/31、IBM 的 1/6。1997 年,任正非访问 IBM,深受震撼。1998 年,华为启动了金额达数千万美元的 IPD 咨询项目,开始了研发管理体系的变革和建设。IBM 的专家认为,华为在产品研发方面的主要问题是概念与计划阶段合并在一起,研发活动缺乏计划性和严格的评审。华为基本上没有业务计划,甚至在高层指示下就直接开始了研发。由于评审和决策仅仅是出于主观判断,没有符合市场需求的标准,结果造成产品不断修改。

IPD 在华为实施后,2003 年就取得了研发过程管理的有效提升,"实现了从依赖个人地、偶然地推出成功产品,到可以制度化、可持续地推出满足客户需求的、有市场竞争力的成功产品的转变"①。以 3Com 产品研发过程为例,华为大大增强了产品开发的可控制性,开发周期较过去缩短一半,产品质量、成本、稳定性等方面都有了显著优化。这也说明 IPD 的管理模式能够真正地帮助企业提高产品开发的效率,同时节约成本。

当前,已经有越来越多的技术型企业开始实施 IPD,相关的材料与书籍也非常多,本书不再过多地赘述 IPD 的细节,只是简要地介绍 IPD 产品研发过程管理的理念以及核心的流程管理内容。

IPD 包括"做正确的事""正确地做事"和"需求管理"三个环节。"做正确的事"就是产品要对准客户需求,选择正确的市场机会,保证开发符合市场需求的产品;"正确地做事"是指使开发过程规范、高效,包括在知识产权方面保护自己的科技成果,并避免侵权风险;"需求管理"就是聚焦需求确认和实现,保证高质量、低成本、在规定时间内开发出来的产品是准确满足客户需求的。基于这样的要求,IPD 的管理体现在财务、市场、产品和流程管理上就有了其非常有特色的理念:

(1) 财务理念。产品研发是投资行为,将研发项目当成一项投资,确保市场成功或财务成功,企业内部要进行虚拟核算。

(2) 市场理念。产品研发不仅仅是开发部的事,而是全公司的事情,以客户需求为核心进行规划和设计,形成从战略到产品方向、从需求到项目、从研发到交付、端到端的一体化集成研发管理体制。

(3) 产品与技术开发分离理念。产品与技术货架分层,建立共性技术平台与产品平台,在此基础上进行异步开发②。

(4) 流程理念。产品研发是端到端的流程,分别建立战略流程、市场流程、产品研发流程、技术和平台开发流程,以及与流程匹配的跨部门的团队和项目管理体系。

尤其是流程理念,在 IPD 的实施过程中体现得最为充分,是所有研发人员与利益相关者都会切身感受到的部分,目前大都已经嵌入相应的软件系统中,因此,IPD

---

① 郭平.华为人眼里的华为之路:从偶然性成功到必然性成功[EB/OL].新浪财经,http://finance.sina.com.cn/360desktop/leadership/20140619/195919465412.shtml.

② 异步开发模式是指将产品开发工作按技术领域纵向分层。

的实施与传统企业实施 ERP 等规范的信息化解决方案非常类似,用软件的方式把流程固化下来,研发人员在研发过程中需要不断地与该系统交互,在相应的节点上完成自己的工作,整个流程结束,产品研发过程也基本结束。我们可以通过图 3-5 对 IPD 的整个流程有一个基本的认识。

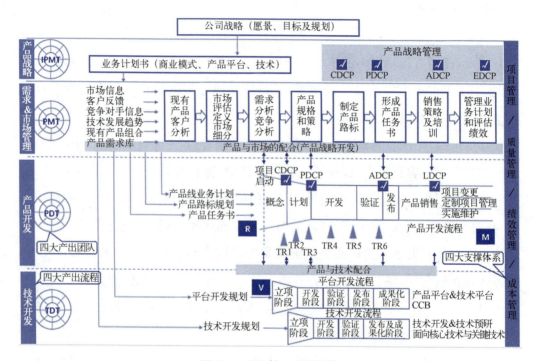

图 3-5　IPD 核心流程概览

在 IPD 的实施过程中,首先由高管组成的集成组合管理团队(Integrated Portfolio Management Team,IPMT)根据公司战略制定出产品研发战略,包括技术创新路径、技术能力目标与新产品研发策略等。然后由组合管理团队(Portfolio Management Team,PMT),在大部分企业中被命名为项目管理办公室(Project Management Office,PMO),根据当前的市场分析、竞争态势及对手分析、客户反馈、未来的行业技术发展趋势分析、产品需求库等完成企业的产品技术体系规划,并进行动态维护。PMT 会将该产品技术体系规划进一步拆解为产品线业务计划、产品路标规划、产品任务书等面向客户需求或市场的产品研发项目,由产品开发团队(Product Development Team,PDT)来执行的,而产品技术体系中的共性技术或平台的开发将交给技术开发团队(Technology Development Team,TDT)来执行,以有效地支撑产品研发过程中所需要的共享技术与平台。

PDT作为产品研发工作执行的核心团队，在整个IPD管理模式下承担着最为关键的角色。由于IPD的市场理念，PDT通常采用重度矩阵结构核心小组模式，以保证高效的内部沟通、协调和决策。核心小组是负责全程开发特定产品的小型跨部门项目小组，PDT团队的成员涉及企业的各个职能部门，大家共同进行项目的立项、审批、开发和交付等，知识产权团队的负责人一般而言也是PDT的成员之一，参与到研发项目的全过程。这样的管理方式可以有效地打破部门与部门之间的壁垒，形成团队的合作。项目组长与组员各司其职，由于各自的角色不同，责任与权力也不尽相同。组长负责项目的日常决策，直接管理整个项目的各个细节，组员代表不同的职能部门。相较而言，常态的职能部门经理更加关注如何打造优秀部门而不是跨部门的项目管理。

无论是产品研发还是技术开发，IPD把其开发流程定义为六个阶段，分别是：

（1）概念阶段。对产品的基本功能、外观、价格、服务、市场销售方式、制造等基本需求进行定义，这个阶段主要产生新产品的需求说明书。

（2）计划阶段。制定产品规格说明书，确定产品的系统结构方案、明确产品研发后续阶段的人力资源需求和时间进度计划。

（3）开发阶段。根据产品系统结构方案进行产品详细设计，并实现系统集成，同期还要完成与新产品制造有关的制造工艺开发。

（4）验证阶段。进行批量试制，验证产品是否符合规格说明书的各项要求，包括验证新产品制造工艺是否符合批量生产要求。验证阶段后期还要向市场和企业生产部门发布新产品，并经历新产品产量逐渐放大的过程。

（5）发布阶段。对完成开发的新产品进行生产和批量销售。

（6）生命周期管理阶段。对进行销售阶段的产品进行各种收尾工作，以及后续的迭代、服务等全生命周期管理。

在这六个阶段中，IPD通过两类评审机制确保过程管理的有效性以及资源的分配，如图3-6所示。一类评审被称为决策评审点（Decision Check Point，DCP），包括概念决策评审点（Concept Decision Check Point，CDCP）、计划决策评审点（Plan Decision Check Point，PDCP）、可获得性决策评审点（Availability Decision Check Point，ADCP）和生命周期终止决策评审点（End of Life Decision Check Point，

LDCP)四个部分,通常由 IPMT 来完成。通过决策评审,IPMT 可以直接授权 PDT 和 TDT 分别分阶段地进行产品和技术开发。

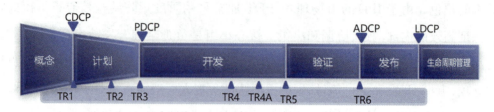

图 3-6　IPD 的决策评审与技术评审点

另一类是技术评审点(Technical Review,TR),通常包括产品需求和概念评审(TR1)、需求分解和规格评审(TR2)、总体方案评审(TR3)、模块/系统评审(TR4)、集成测试评审(TR4A)、样机评审(TR5)、小批量评审(TR6)。技术评审主要由 PDT 相关技术成员检查按照 IPD 流程实施到一定阶段的技术成熟度(技术、交付、市场),并检查下一阶段准备情况,以便尽早地发现缺陷和及时消除缺陷,从而有效地提高产品的质量。

3.4　产品研发过程与知识产权过程的融合

基于企业新产品研发策略的选择,以及每个研发项目 IPD 的全过程管理,知识产权团队在各个阶段也有相应的工作职责与任务,要将知识产权管理工作嵌入整个研发项目的全生命周期并贯穿研发项目的各个阶段。在研发前期,可以通过专利情报分析、专利导航、专利预警、专利监控等手段,为计划中的研发方向提供风险控制、趋势预测以及侵权应对等参考意见,拓展研发创意、通过市场技术回顾支撑技术方案的决策,帮助研发更好地决策技术方向。

知名芯片设计企业紫光展锐的知识产权负责人就曾表示,紫光展锐知识产权部门的一大职责就是把最新的行业专利分析提供给 IPMT 以及 PMT 团队,用于研发前期的重要决策。不过,由于不同行业的技术迭代速度、技术领域特征、企业目标市场等方面的差异,研发前期的知识产权情报价值在不同行业会有所不同。根据智慧芽 2022 年的一份研究报告,专利情报在生物领域对企业研发的贡献最大,至少54%的企业表示专利情报对于研发有持续贡献。对于新一代信息技术而言,这一比例却为27%。这种差异也许源于新一代信息技术的创新情报有更多元化、更有时效性的选择,尤其在互联网行业,在相对基础的技术研发中,技术研发人员自有一套以代码开源网站、论文以及同行分享为主的研发情报获取机制,专利的研发情报作用相对而言稍弱。

进入正式产品研发过程后,知识产权团队同样需要紧密地与研发团队合作。例如,在创意生成阶段,知识产权团队需要对技术方案进行相关检索,为立项提供依据,配合研发解决产品开发过程中遇到的问题,尤其要在可行性评估阶段确保产品没有侵权或降低侵权风险;在可能性评估阶段,根据研发人员提出的技术方案,知识产权团队需要进行更为具体的自由实施(Freedom to Operate,FTO)分析,并与研发团队一起明确和挖掘新产品中的可专利点,有效地提高产品中专利的数量和质量;在定位市场方向时,知识产权团队需要关注产品概念细节定义,依靠详细检索进行最终的FTO分析以及知识产权的布局规划;在产品生产环节,知识产权团队应督促研发人员报告研发成果,力求做到科技成果的全面保护,护航优势产品按计划上市(图3-7)。

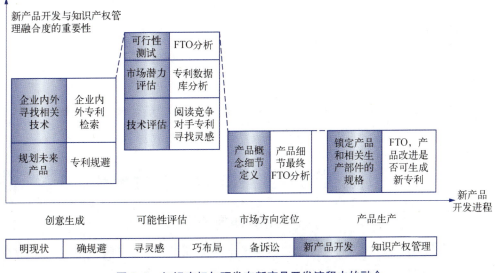

图 3-7　知识产权与研发在新产品开发流程中的融合

资料来源:Hardorp, L., Cengiz, C., &. Tietze, F. Integrating Patent Management and R&D. An explorative analysis of the new product development process. Working paper,https://doi.org/10.17863/CAM.44063。

研发与知识产权融合的核心是知识产权部门对研发诉求采取的主动配合与前置响应,知识产权工作应当基于对研发的充分理解,为研发人员提供相应的指导规范,并根据研发人员的技术资讯需求开展情报分析工作。在现实中,一些企业的知识产权部门会采用知识产权商业合作伙伴(IP business partner,IPBP)的形式融入研发过程中。例如,在研发过程的前端有效地挖掘和申请专利,从而解决专利工作中申请滞后和研发人员积极性不高的弊病。一些成熟的科技企业甚至在知识产权工作中制定了一系列管理操作规范,统一规定了知识产权部门、外部代理机构和发明人的合作流程,通过提案评审规范将知识产权与研发紧密结合,实现了在整个研发过程中对知识产权的把控和布局。例如,公牛集团在将专利工作嵌入研发全生命周期的基础上,还特别在首尾两个环节加强把关:"立项中没有专利风险评估报告不准立项,结题时没有专利保护报告不能结题",从而推动了知识产权和研发的深度融合。

管理赋能

科创企业的研发是知识产权产生的前提,因此,研发管理以及知识产权管理都要服务于企业的战略、针对目标市场的需求而展开。不过,企业的产品研发策略重点有所不同,有些企业的研发更多是市场导向,而有些企业的研发是优势技术导向。这两种研发策略产生的技术成果会有所差异,但相同之处是要形成有效的技术领域积累,以便构筑体系化的知识产权边界。

同时,科创企业的知识产权形成过程很大程度上是与研发过程融为一体的。本章通过案例的形式介绍了企业如何把知识产权产出的过程管理与企业规范的研发项目过程管理相结合,这样的知识产权产出过程,一方面有助于科创企业研发出更具差异化的竞争科技成果,另一方面也可以有效地规避研发中的潜在知识产权风险。

讨论案例

科技研发的护航者[①]

中微半导体设备(上海)股份有限公司(以下简称"中微")是一家以中国为基

---

① 本案例由复旦大学管理学院案例研究员张春依、王玉洁根据企业调研和公开发表资料编写。案例仅作为教学和研究资料在课堂讨论中使用,不代表对本案例所含相关内容的认可,不作为原始数据的来源,也不暗示某种管理方法或策略一定有效或一定无效。

©本案例的版权归属复旦大学管理学院所有,未经许可,不得以任何方式复印、抄袭、存储、传播和出售本案例的任何部分,也不得制作成其他形式的版本。如需取得使用授权,请致电 021-25011399、25011388,或邮件联系:case@fdsm.fudan.edu.cn。

地、面向全球的高端半导体微观加工设备公司,为全球集成电路和泛半导体行业(包括 LED 芯片行业)提供极具竞争力的高端设备和高质量服务。基于其在半导体装备产业多年耕耘积累的专业技术,中微涉足半导体集成电路制造、先进封装、LED 外延片生产、功率器件、MEMS 制造以及其他微观制程的高端设备领域,自创立之初就瞄准世界科技前沿,坚持自主创新,并于 2019 年作为首批 25 家企业之一成功登陆科创板。

作为半导体行业的"支撑点",半导体集成电路制造设备主要包括十大类,涉及芯片制造中的光刻、刻蚀、薄膜、离子注入、CMP、机械抛光、镀铜等,其中,规模占比前三的设备为刻蚀机、薄膜设备和光刻机,产业高度集中,等离子体刻蚀机设备被美国的应用材料(Applied Materials)公司、泛林(Lam Research)公司和日本东京电子(Tokyo Electron)公司占据 90% 左右的市场份额;MOCVD(金属有机化合物化学气相沉积)设备①则一度被德国爱思强(Aixtron)和美国维易科(Veeco)控制了大部分的市场份额(日本的 Nippon Sanso 所生产的 MOCVD 设备一般不对外销售,只用于自己生产 LED 芯片)。中国的高端半导体制造设备产业起步较晚,在国际巨擘森严的知识产权保护体系下,只有大幅提高研发投入,奋起直追,才能走出一条自主创新的道路。

进军 MOCVD 市场

2004 年,在美国硅谷工作了 20 年的尹志尧博士决定回国创业,他曾先后负责泛林、应用材料两家公司的等离子体刻蚀设备研发工作,并在 1980 年代先后开发出高能和低能的等离子体刻蚀机。回国创业的他也把等离子体刻蚀机确定为中微的主要业务。2007 年,中微研发出首台电容耦合型等离子体(Capacitively Coupled Plasma,CCP)刻蚀设备 Primo D-RIE 并成功上市。截至 2021 年年底,中微开发了包括电容耦合型等离子体刻蚀机和电感耦合型等离子体(Inductively Coupled Plasma,ICP)刻蚀机等一系列等离子体刻蚀机,并被广泛应用于国际一线客户从 65 纳米到 5 纳米工艺的众多刻蚀应用中。

---

① MOCVD 的全称是 Metal-Organic Chemical Vapour Deposition(金属有机化学气相沉积),指在基板上生长半导体薄膜的一种技术。利用 MOCVD 技术,许多纳米层可以以极高的精度沉积,每一层都具有可控的厚度,以形成具有特定光学和电学特性的材料。MOCVD 是用于 LED 芯片和功率器件制造的关键工艺技术。

MOCVD 设备是 LED 芯片制造过程中最重要的设备,该设备的成本通常占到 LED 生产成本的 50% 以上。中国一直是全球 MOCVD 设备最大的销售市场,主要厂家德国爱思强和美国维易科曾一度占据高达 90% 的市场份额。自 2009 年起,全国各地方政府相继推出设备采购补贴政策,每台 MOCVD 设备最高可得千万元补贴。巨额补贴让爱思强和维易科公司的收入大增①。彼时,中国本土还未有一家企业能生产同级别设备。

第一台刻蚀机设备上市后,中微的销售业务逐渐步入正轨。然而,刻蚀机设备产品销售存在显著的周期性和波动性,为了使公司业绩获得稳定增长,尹志尧博士提出产品多元化的经营策略,希望公司能研发新产品和开拓新业务。中微在创业早期有过化学气相沉积设备(Chemical Vapour Deposition,CVD)②的研发经历,CVD 设备与 MOCVD 设备有相似之处。公司不仅有成功地开发高端半导体设备的经验和资源平台,而且有早期的技术专长和积累。

2010 年,中微启动 MOCVD 的项目部署,迅速地从 CVD 工程师团队中招募了一批骨干技术人员。集团副总裁兼总法律顾问姜银鑫在公司创立之初就协助创始团队逐渐建立起完善的、国际化的知识产权管理体系。伴随中微高端半导体设备的研发成功和推向市场,国际竞争对手开始以知识产权作为武器对中微进行商业干扰和打压。从 2007 年开始,三家国际半导体设备巨头先后对中微发起三起国际知识产权诉讼,涵盖专利和商业秘密,其中包括尹博士的老东家泛林与应用材料发起的围追堵截。从诉讼策略准备、积极应诉到主动反诉,姜银鑫和他的团队用出色的业务能力维护了中微的合法权益,实现了不败的战绩,案件荣获"2011 年度全国知识产权保护 10 大案件""2017 年上海十大知识产权案例""2017 年中国海关保护知识产权典型案例""2018 年度福建法院十大典型案件""2018 年度专利复审无效十大案件"。他本人也因此获聘为国家知识产权库专家、国家海外知识产权纠纷应对指导专家、工信部工业和信息化领域知识产权专家库专家,并荣获"中国杰出知识产权经理人"等多项荣誉。

就进军 MOCVD 市场,尹志尧博士召集高层举行了论证会。公司高层大部分

---

① 第一财经.LED 补贴政策致"外来和尚"业绩大涨 国内企业抢攻 MOCVD 市场[EB/OL]. https://www.yicai.com/news/3036452.html,2013-10-8.
② 化学气相沉积设备,主要是指用于制备高纯、高性能固体薄膜。

是工程师出身,对于新技术、新产品开发,用创新产品超越竞争对手,个个摩拳擦掌,干劲十足。一个项目的研发过程不仅要考虑技术实现的可能性,还要考虑到技术创新成果的综合保护以及避免知识产权侵权风险,两者缺一不可。姜银鑫始终认为,知识产权是链接技术、产品、市场、法律和商业竞争的纽带,任何知识产权争端都会极大地破坏高科技公司的商业计划和市场进程,代价巨大。MOCVD设备的研发是一个周期漫长且复杂的过程,不同的阶段有不同的任务。在他看来,如果知识产权意识和实施没有融入研发过程中,当产品推向市场时就一定会存在巨大风险。因此,在每一个研发阶段,姜银鑫要求知识产权团队尽到不同的责任(详见附录1),甚至应该在某些环节上起主导作用。

研发过程中的知识产权管理

立项阶段

根据WIPO的统计,全世界每年90%—95%的科技成果可以在专利文献中找到,其中约有70%的发明成果从未在其他非专利文献中发表过。刻蚀机设备在研发立项时,中微负责知识产权相关工作的只有姜银鑫一人。他把产业内刻蚀机和CVD设备相关的专利全部检索、分析了一遍,并深度解读了其中3 000多件关键专利。当MOCVD设备正式立项后,姜银鑫带领团队又做了一遍与当初刻蚀机和CVD设备项目同样的专利检索和分析工作。团队把相关的专利进行分类、分级整理,形成专利检索报告、专利分析报告和专利地图共享给研发部门,作为技术研发的参照。

这些报告将数百个专利信息汇总在一起,涵盖行业(宏观)、竞争对手(中观)、特定技术路线(微观)三个层面。多层次的分析视角不仅有助于中微了解行业走向和竞争对手的专利布局情况,更重要的是可以为研发人员勾勒出一幅完整的技术路线拼图(样板见附录2),从而能看到专利背后竞争对手产品设计的重点和专利布局情况。

研发计划阶段

立项后,研发和知识产权两部门就专利检索结果进行频繁沟通,围绕技术路线拼图分析竞争对手的技术特点、专利申请和授权情况。姜银鑫还推出了创新工作坊(Innovation Workshop),不定期地组织两部门就特定技术方向进行深度分析和专利壁垒破解。

中微要想生产出拥有自主知识产权的MOCVD设备并成功地在市场上销售，必须规避可能产生的专利纠纷。为了避免落入对方的专利保护圈，通过与研发部门的多次讨论，知识产权部门最终形成了一份专利风险报告，不仅从专利保护范围，还从产业视角、市场竞争视角对关键专利进行分析解读，再参照客户反馈，进而确定自身的研发路线。

开发阶段

MOCVD设备的反应腔中，核心部件包含旋转主轴和转动托盘两部分，通过气相沉积工艺加工置于基片托盘上的基片上。美国维易科的技术是依靠结构相对简单而抗损耗高的设计让托盘高速旋转，从而完成沉积均匀性达标的LED芯片。研发团队从专利分析报告中发现，转轴与托盘间的带状接触面在实际运转时很难同步旋转，这会导致数据采集偏差。中微研发团队意识到可以找到更优解。经过反复实验，研发团队在摩擦面连接处增加了一个卡扣设计，确保了转轴和石墨托盘同步旋转。

对于这样的技术创新，姜银鑫团队会研究如何固化和保护成果，对可能会落入对方知识产权保护范围内的技术、创新且可申请专利的技术、不适合申请专利但需要加以保护的技术进行分类，并提供明确的保护策略建议。

姜银鑫认为研发并不神秘，他要求团队成员把自己定位为"半个研发人"，且身兼侦察兵、探雷者、守护者和贡献者等多种角色，时刻保持对技术和产品的深入了解，主动参与到整个研发过程中，为公司的技术成果保驾护航。与研发深度融合的过程中，中微知识产权团队作为发明人成功申请了近百项发明专利（样板见附录3）。

完成阶段

产品上市前，专利申请、相关知识产权布局和诉讼准备工作随即启动。

中微有一套专利申请评估标准。第一，公司会优先考虑为高质量、高价值的行业创新性发明申请专利；第二，专利的申请应配合公司的整体策略；第三，价值稍低的专利需要可集合成专利护栏对竞争对手形成阻击或威慑；第四，以专利形式还是商业秘密形式加以保护以及专利的申请也须慎重考虑。中微的客户遍布中国、新加坡、韩国、日本、德国、意大利、俄罗斯等国家和地区，因此，中微有不同的知识产权布局和市场策略。

在此阶段,知识产权部会梳理竞争对手的商业战略,进行 FTO(Freedom to Operate)分析①,对上市前产品的专利侵权风险进行全面且细致的评估,预判竞争对手可能会采取的法律和商业手段。针对某些专利,团队还会分析专利的有效性和稳定性,主动收集相关专利的无效证据,并通过自身的专利布局做好反攻准备,让知识产权真正起到"以守则固,以战则胜"的决定性作用。

2012 年,中微第一代 MOCVD 设备成功上市。此后,MOCVD 设备成为中微长期发展的一大支柱。"过去十年,平均增长最快的仍然是等离子刻蚀机和薄膜设备,中微公司比较幸运,一开始就聚焦了这两块业务。"尹博士谦逊地称之为运气。

专利诉讼博弈

2017 年,中微推出第二代 MOCVD 设备 Prismo A7。Prismo A7 的每个反应腔的产量是前一代 MOCVD 设备的 2 倍多,极大地提高了客户的单位产能,能有效地降低 LED 外延片的生产成本。由于 Prismo A7 拥有更好的性能、更高的输出量和更低的成本,中微不断得到国内一流 LED 芯片制造公司的大批量订单,对该市场原先的领导者——维易科构成极大的威胁。

2017 年 4 月 12 日,维易科在美国纽约东区法院对中微 MOCVD 设备的关键零部件(基片托盘)的供应商西格里(SGL)公司提起专利侵权诉讼,并申请临时禁令,禁止 SGL 向中微供应零部件。当地法院支持了维易科的临时禁令请求。

虽然中微并非被告,但维易科显然意指中微,中微被迫反击。5 月 3 日,中微首先向国家知识产权局专利复审委员会提交证据,对维易科在美国诉讼中的涉案专利的中国同族专利提起无效宣告请求。随后,中微又分别向韩国、美国专利局提交证据主张相关专利无效。7 月 12 日,中微向福建省高级人民法院起诉维易科上海公司②侵权,主张其在中国销售的 MOCVD 设备侵犯了中微的"基片托盘锁定和同步技术"专利权(专利号:ZL201220056049.5),并要求高额侵权赔偿。得益于中微在研发过程中就已充分融入细致的知识产权分析和专利申请布局,经调查后,国家

---

① FTO(Freedom to Operate),即自由实施,是指实施人在不侵犯他人专利权的前提下可以对该技术自由地进行使用和开发。

② 维易科在中国的全资子公司。

知识产权局确认了中微专利权的有效性,并将该案件收录为"发明构思在技术特征比对和技术启示判断中的作用"的样本案例①(详见附录4)。在确认专利权有效后,中微随即向福建省高级人民法院申请恢复审理,并申请和获得针对维易科上海公司的临时禁令。

2018年2月初,中微、维易科、西格里达成和解。在新闻发布会上,维易科董事长兼首席执行官约翰·皮勒先生说:"我高兴地告诉大家,我们已经达成了一个共同商定的对现存知识产权纠纷的和解方案。这使我们的MOCVD业务恢复正常运营。"中微董事长兼首席执行官尹志尧博士表示:"竞争对手们基于全球客户的利益该如何解决好知识产权事宜,这次和解是一个很好的例证。"

成就与挑战

尹博士说:"近十年来,国内约有54家公司和研究所宣布开发MOCVD设备,中微是唯一一家实现量产的企业。"中微一直重视研发人员的招聘、留用和激励,吸引海内外知名半导体设备专家加入。截至2022年6月底,公司有员工1 198人,其中,研发人员占比41%。在尹博士看来,中微应该在研发创新和知识产权管理上同步发力,通过知识产权管理保护好研发成果。

中微在研发MOCVD设备时,知识产权团队未雨绸缪,通过产业专利全景分析,对核心专利及风险专利进行分类分级,确保产品研发设计不侵犯这些专利权,同时形成周详的专利侵权风险预警分析和风险应对方案,这是中微成功解决维易科诉讼案的关键因素之一。中微利用手头持有的高质量专利武器发起诉讼反击战,且成功经受了对方两次专利无效挑战,最终扭转了中微供应商在美国专利诉讼上的不利局势,这是另一个关键因素。

创立近二十年来,中微的研发投入不断增加,专利数量也持续增长。截至2022年8月,公司累计申请专利2 122项,其中,发明专利1 826项。中微连续入选"2017年中国大陆创新企业百强"和"2018年中国大陆创新企业百强"榜单②。

---

① 国家知识产权局,"化学气相沉积装置"实用新型专利权无效宣告请求案[EB/OL].https://www.cnipa.gov.cn/art/2019/4/26/art_2648_166677.html,2019-4-26.

② 由专业信息提供与分析服务提供商科睿唯安发布,该评选基于对企业发明总量、专利授权率、全球化、影响力四个指标全面分析,计算整合四个指标的综合得分,从而遴选出中国大陆内最具创新实力的100家企业。

2021年,中微继2013年之后,再次获得国家知识产权局颁发的"中国专利金奖"荣誉。美国半导体产业咨询公司VLSI Research[1]每年都会对全球半导体设备制造企业,围绕竞争力和客户满意度进行评比。"我们在2018年、2019年连续两年被VLSI评为全球综合排名第三名。其中,芯片制造专用设备供应商排名第二,薄膜沉积设备供应商排名第一。这样的成绩说明国际市场对我们的认可。"尹博士说道。

SEMI[2]发布的数据显示,2021年全球半导体设备市场销售额达1030亿美元,较2020年增长42.24%。其中,中国的销售额为296亿美元,占全球的28%,同比增长58%,已经成为占比最大的国家[3]。对于专注于半导体制造设备领域的中微来说,抓住需求激增和国产替代这两大趋势,就意味着极具前景的增长空间。

截至2021年年底,中微已经研发出4款MOCVD设备(详见附录5),在全球氮化镓基LED MOCVD设备市场占据领先地位。2021年,中微的MOCVD设备收入达到5.03亿元,约占全年收入的16%。2022年第一季度,中微已收到了180腔[4]的订单。按预测,至2026年全球MOCVD设备需求达800台,中微预计可以覆盖约75%。目前,中微刻蚀机设备的零部件国产化率约60%,MOCVD设备的零部件国产化率达到80%[5]。

2022年8月,经过两年的谈判,美国国会通过《2022年芯片和科学法案》,该法案授权2800亿美元的资金支持半导体供应链建设,推动以美国为主导的前沿技术发明领先于全球竞争对手,此举再度加剧全球半导体产业的竞争热度。中国是目前全球最大的芯片消费市场,作为半导体产业上游的先进设备供应商,摆在中微面前的机遇与挑战同样巨大,而成败的关键在于研发创新实力。然而,缺少知识产权管理体系护航的研发创新,就如脱缰野马,难免落入虎口。"科技创新公司必须在

---

[1] VLSI Research成立于1976年,是美国知名的半导体产业分析和咨询公司。2021年,VLSI Research被全球知名研究公司TechInsight收购。TechInsight是全球领先的技术咨询和知识产权服务商,为多家全球知名科技公司提供技术分析、市场信息和相关服务。

[2] SEMI即国际半导体产业协会,全称为"Semiconductor Equipment and Materials International"。

[3] SEMI中国.2021年全球半导体设备销售额激增44%,创下1026亿美元的行业新高[EB/OL]. https://www.siscmag.com/news/show-5050.html.

[4] "腔"是指半导体工艺反应腔室。

[5] 中微公司.投资者关系活动记录表,2022.

创新研发和知识产权管理上共同努力。"姜银鑫要求团队牢牢记住尹博士的谆谆嘱托,做好研发的护航者。

 案例思考题

1. 中微公司为何选择进入 MOCVD 市场?
2. 中微公司在 MOCVD 研发过程中如何融入知识产权管理?
3. 知识产权部门和研发部门深度协同需要具备哪些关键因素?

附　录

1. 中微公司知识产权管理机制

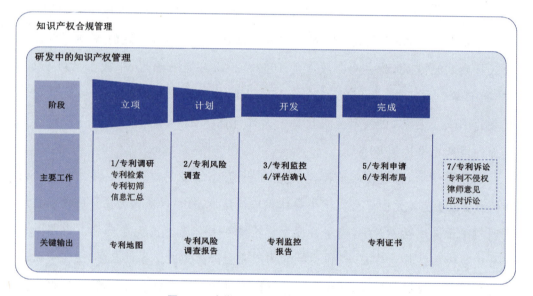

图 3-8　中微公司的知识产权管理机制

资料来源:根据企业调研整理.

2. 专利分析拼图样图

(1) 基于 IPC 分类号的技术分布及动向图（非中微公司数据）（图 3-9）。

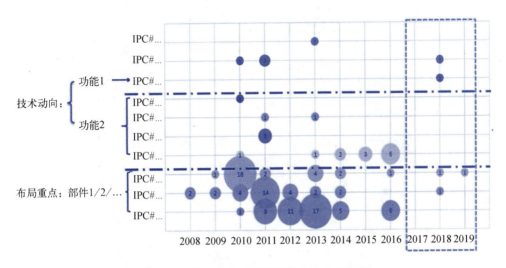

图 3-9　基于 IPC 分类号的技术分布及动向

资料来源：根据公开信息整理.

(2) 某竞争对手技术功效专利分布图（非中微公司数据）（图 3-10）。

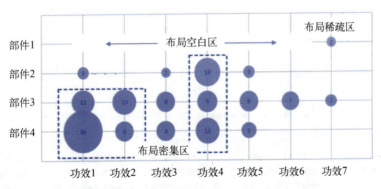

图 3-10　某竞争对手技术功效专利分布

资料来源：根据公开信息整理.

（3）发明人技术领域的交叉图谱（图3-11）。

图3-11　发明人技术领域的交叉图谱

资料来源：调研企业提供.

（4）反应气体注入技术代表性专利演变过程（图3-12）。

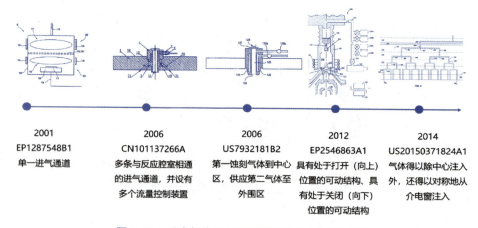

图3-12　反应气体注入技术代表性专利演变过程

资料来源：调研企业提供.

3. 中微公司知识产权团队获得的美国发明专利

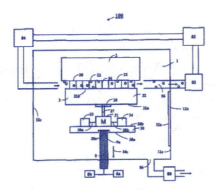

图 3-13　中微公司知识产权团队获得的美国发明专利

资料来源：根据公开信息整理。

4. 国家知识产权局复审和无效审理部对"化学气相沉积装置"案的评议（摘录）

双方当事人

专利权人：
中微半导体设备（上海）
有限公司

请求人：
维易科精密仪器国际贸易
（上海）有限公司

技术简介

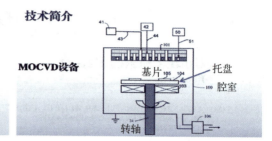

MOCVD设备

案件信息

专利号：ZL201220056049.5
名称：化学气相沉积装置 ➡ MOCVD设备
案件编号：5W113251
决定号：第33884号
结论：在修改后的权利要求的基础上维持有效

本专利的方案

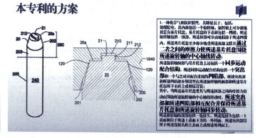

争议焦点1：同步运动配合结构和摩擦传动是否被公开

本专利与证据1方案1的发明构思对比

争议焦点2：证据1是否给出得到本专利结构的技术启示
证据1方案1与方案2的发明构思对比

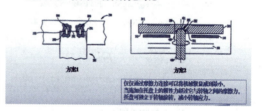

图 3-14　国家知识产权局复审和无效审理部对"化学气相沉积装置"案的评议（摘录）

资料来源：国家知识产权局，2019。

5. 中微公司 MOCVD 产品及特性

表 3-2　中微公司 MOCVD 产品及特性

发布时间	设备名称	产品特点	竞争优势	应用
2012	Prismo D-BLUE	1）串行并行，可灵活切换的反应腔运行模式； 2）创新的实时监控系统； 3）精准的参数控制； 4）全自动化处理； 5）界面友好的操作系统	1）优异的工艺重复性和均匀性； 2）符合 SEMI S2 安全标准； 3）高良率、高产能和低成本投入； 4）设备维护简单易行	首台被主流 LED 生产线采用并进行大批量 LED 外延片生产的国产 MOCVD 设备

续 表

发布时间	设备名称	产品特点	竞争优势	应用
2016	Prismo A7	1) 串行并行，可灵活切换的反应腔运行模式； 2) 创新的实时监控系统； 3) 参数控制精准； 4) 全自动化处理； 5) 操作系统界面友好	1) 优异的工艺重复性和均匀性； 2) 符合 SEMI S2 安全标准； 3) 高良率、高产能和低成本投入； 4) 设备维护简单易行	用于 LED 外延片大规模量产的 MOCVD 设备
2020	Prismo HiT3	1) 适用于高温氯化铝和深紫外 LED 生长关键设备； 2) 优异均匀性和高效能相结合； 3) 适合高晶体质量和高 AlN 生长速率新颖腔体设计； 4) 创新的实时监控系统； 5) 工艺温度最高可达 1 400 度，具有优异的温场均匀性和控制稳定性； 6) 具有高稳定性，自动化的真空传送系统，抑制颗粉的产生	1) 优异的工艺重复性和均匀性； 2) 遵循半导体设计和制造的高标准流程； 3) 低生产成本，简便易行的设备维护； 4) 业界领先的 UVC LED 产能及维护周期	用于深紫外 LED 外延片量产的 MOCVD 设备
2021	Prismo UniMax（见图 3-15）	1) 同一系统中可配备多达 4 个反应腔； 2) 创新的多区温度补偿加热系统； 3) 通过石墨盘晶片排布的最优化，其加工容量可以延伸到生长 164 片 4 英寸或 72 片 6 英寸晶片	1) 优异的波长均匀性、重复性和稳定性； 2) 超大直径石墨托盘可大幅提升产能并降低成本； 3) 加工容量业内领先	用于高性能 Mini LED 量产的 MOCVD 设备，已收到国内领先客户的订单

Prismo UniMax® MOCVD 设备

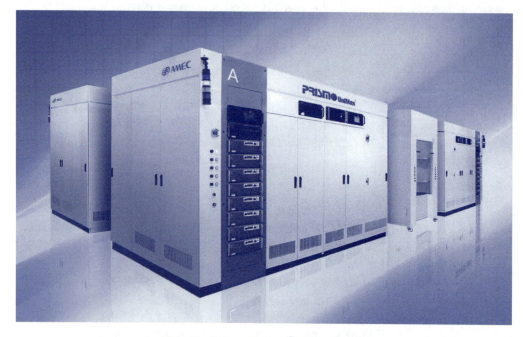

图 3-15　Prismo UniMax® MOCVD 设备

资料来源：公司官网，公司公告，国盛证券研究所，2021.

第4章 科技成果转化为知识产权

> 以前我们认为知识产权是帝国主义制约我们发展的工具,但今天我们认识到知识产权才是最重要、最被需要的。我们把知识产权保护真正一点点地落实好,原创就会越来越多,创新就有可能。
>
> ——任正非

➡ 本章要点

- 理解专利与技术秘密的主要差异;
- 阐释知识产权的交易及估值方法;
- 懂得如何设计知识产权激励机制。

第三章讲述了企业如何通过对研发的科学管理,创造出对企业有价值的科技成果和产品,本章阐述科技成果价值实现闭环的第二步——如何通过对科技成果的保护而使企业拥有排他性的知识产权。

如果说对技术创新的投入是在提高科创企业通过技术发明而获得超高利润的可能性,那么知识产权则是规范性地保护这种可能性的法定机制。随着企业科技成果的积累,管理者越来越关心如何把科技成果保护并利用起来,从而催生更多的科技成果转化为知识产权,为企业持续发展创造条件。目前,越来越多的企业家已经深刻地认识到知识产权在企业长期健康发展中的重要性,然而对如何具体把技术成果转化为知识产权专有资源的过程仍然不够了解,因此在转化数量和质量上仍有不少改进的空间。这一章我们将分享三方面的内容,分别是① 要把技术成果转化为什么样的知识产权,② 如何评估知识产权的价值,以及③ 如何激励研发团队更多地参与到知识产权的转化中来。

4.1 技术成果转化的知识产权类别

当研发成果与商业产生链接时,研发成果不再是单纯的学术分享或论文发表,研发成果直接事关公司无形资产的专有性和竞争优势的可持续性。因此,企业的技术研发成果在发表论文或形成最终产品之前,一定要思考如何先把其转化为被保护的资产。例如,专利管理的重要原则之一是"产品未动,专利先行"或是"专利申请在先,论文发表在后",企业在产品上市前就要做好专利布局,避免在产品上市后其核心技术还来不及被保护就诱发大量低成本的仿制产品,从而导致企业丧失竞争优势。

对于科创企业的科技成果而言,最为主要的两种保护机制是专利和技术秘密。企业管理者需要在这两者之间作出一个选择,但这并非一个简单的决定。正如我们在第二章介绍的那样,技术秘密与专利之间各有优劣势,鉴于知识产权对科创企业的特殊意义,选择合适的知识产权保护措施,不仅仅与知识产权或研发负责人有关,企业的高层管理者也应该明白如何选取合适的知识产权来保护不同类型的科技成果。

国际知识产权组织明确表述了专利"以公开换保护"的特性:"专利是对产品或方法的专有权利,这种产品或方法提供了新的做事方式或对某一问题提出新的技术解决方案。要取得专利,必须在一份专利申请中向公众披露发明的技术信息。"然而,技术秘密的保护机制无须在政府或监管部门注册,只要符合"不为公众所知悉、能为权利人带来经济利益、具有实用性并经权利人采取保密措施"的要求,技术秘密权可自动获得。

无论是专利还是技术秘密,两者都指向具有一定领先性的技术信息或产品。从两者的定义和申请认定流程来看,公开与保密是两者最大的区别。对于技术拥有者的企业或者相关发明人来说,他可以将一项新发明或者新技术选择专利申请从而进行专利保护,但在专利申请通过之后(或提交申请 18 个月后)就必须要选择公开。当然,企业也可以选择以技术秘密的形式来保护科技成果,而实现永久不公开。但是,倘若企业在采取保护措施的过程中出现纰漏而导致技术秘密泄露,这就意味着技术秘密优势的终止。

科创企业的研发不仅决定企业的技术命脉,更决定企业的市场命脉。因此,作为对科技成果保护的两种截然相反的处理方式,科创企业需要慎重权衡专利保护与技术秘密保护的互补关系。

申请专利就意味着公开秘密,但公开并不一定确保获得理想中的专利权益,技术成果本身是否满足专利的"三性"、专利申请文件的撰写是否专业等因素都可能使申请被驳回。此外,专利权的申请周期通常为2—3年,在这一相对较长且专利授权还悬而未决的时间段内,过早地让竞争对手知晓企业的技术诀窍,容易引起模仿者的出现或其他技术泄密的后果(如竞争对手提早计划规避技术路线)。同时,申请专利还会分散研发人员的精力。以芯片行业为例,地缘政治、新冠肺炎疫情等因素加剧了国内芯片公司赶超国际顶尖企业的研发压力。当这种压力转移至研发工程中最直观的体现则是,加班加点成了常态,研发工作内容繁重则进一步导致多数研发工程师无暇顾及专利(特别是高质量专利)的申请。此外,高昂的专利申请和维护总成本也成为中小型科创企业的另外一个考虑因素。曾有企业在接受某知名媒体访谈时说:"现在每年(每件)发明专利(的国内外)年费要缴纳1万—2万元。由于持有专利超过6年以后的年费太高,我们不得不放弃了20多项实用新型专利。"[①]

发明专利申请通过后,在中国获得的保护期限是20年。20年后,任何人都可以使用该专利技术,这显然对企业的经营来说是不利的。所以,对一些生命周期比较长的科技成果(如芯片生产的关键运营流程、新材料的制备工艺等),申请专利就不一定是保护这类秘密的最优决策。

对于技术秘密而言,只要保护方法严密,是可以无限期存在的。但是,技术秘密保护的风险相比专利保护要高,技术秘密一旦被内部人员泄露或者被他人窃取,其秘密性就不复存在。同时,权利人对技术秘密不正当竞争行为的举证难度较高,通过诉讼维权的难度也相应较高,这也反映在技术秘密侵权诉讼案件的数量要远

---

① 资料来源:企业减负下半场:从"挤牙膏"到"一揽子"[N].《瞭望》新闻周刊,https://www.nbd.com.cn/articles/2018-10-14/1262676.html,2018-10-14.

低于专利侵权案件的数量。相反,专利技术被授权后即可获得排他性权利,其他人使用专利须经权利人授权并支付相应的使用费;另外,对专利的侵权行为,寻求法律救济途径也比较容易。因此,即便专利保护期比科技成果的生命周期短很多,一些科技成果仍然以专利保护为佳。

表 4-1 总结了专利与技术秘密之间的差异性。由于技术秘密与专利这些优劣势的存在,对某一项特定的技术成果而言,企业要通过综合因素对比分析才能在技术秘密保护和专利保护之间作出选择。从实操的角度出发,我们认为决策人可以简单地尝试回答以下 6 个问题之后再作决策:

- 科技成果是否满足专利申请的三个特性?
- 专利保护期是否够长?
- 竞争对手有多大可能性会通过独立开发或逆向工程实现同样的技术成果?
- 如果公开科技成果,专利可否为自己形成实质性保护?
- 将来有转让或许可科技成果的可能性吗?
- 政府的政策导向有无偏向性?

诚然,不同行业中的企业所面临的外部环境不同,企业发展阶段的不同,同行业内各企业的内部环境也不同。因此,决策人应该基于外部和内部环境的双重评估来回答上述问题,从而得到一个适合企业自身的决策答案。

表 4-1 专利和技术秘密之间的主要差异

	权利特点	法律保护	保护期限	保护成本	保护力度	维权难易度	价值创造
技术秘密	未公开性、实用性和保密性	受《反不正当竞争法》和《合同法》保护;自行订立保密协议,建立保密制度,不对外公开,只有特定人群知晓	无限期直至泄露或主动公开或他人反向工程实现	保密设施和制度的建设及维护	较弱保护,只能禁止他人违背秘密义务或以其他不正当手段获得、披露和使用有关的秘密信息;不能禁止他人通过合法渠道取得和使用	举证窃取、泄密、披露等侵权行为较难,维权成本高	兼具技术及商业价值,可以通过技术转让等模式为企业带来现实的或潜在的经济利益及竞争优势

续　表

	权利特点	法律保护	保护期限	保护成本	保护力度	维权难易度	价值创造
专利	新颖性、创造性、实用性、独占性、地域性、时间性和公开性	受《专利法》和《专利审查指南》保护；依法申请专利，以公开换取保护	发明20年、实用新型10年、外形设计15年	专利申请官费、代理费和年费	强保护，未经许可禁止他人模仿或开发相同的发明创造	商业价值相对易于评估，举证较易，维权成本及范围较大	具有商业价值，有助于市场开拓、吸引投资、建立竞争壁垒，可调动研发人员的积极性，科创板上市申请前置条件

▶ 4.2　知识产权的价值评估

科技成果转化为知识产权后，企业还须清晰地了解知识产权潜在的价值，从而作出差异化的管理方式，此时知识产权的价值评估就成为关键。例如，某科创企业清晰地把知识产权分为 A、B、C 三类：A 类是与企业核心业务相关的知识产权，可以打击竞争对手；B 类是可以保护自己不受竞争对手攻击的知识产权；C 类是有潜力成为 A 类或 B 类的知识产权。当然，这样的估值分类还比较模糊，更多只是企业出于内部需要而进行的分类。一旦涉及转让、授权等跨企业的交易，就一定需要对知识产权的价值进行有效评估，以便交易双方就知识产权的价值达成共识。

在实际操作中，有三种常见的知识产权交易方式。第一种是协议式，也是最普遍的选择，其中只涉及交易双方，通过多轮直接沟通达成共识。第二种方式是拍卖，使用拍卖来实现知识产权的交易一般有两个特点：一是该知识产权比较"标准化"，是大家认可的、相对容易衡量的知识产权；二是有比较多的买家愿意参与拍卖，通过市场竞争实现知识产权的价值最大化。第三种交易方式就是招投标，招投标的情况和协议有些相似，但是也有区别，最大的区别就是招投标的过程中有所谓的中介。中介可以是机构,也可以是个人,他们一般是所交易的知识产权领域的专业人士,对招投标的流程比较熟悉。中介机构能使买卖流程更加正规,有时也可以作为激烈谈判的缓冲地带,更容易促使买卖成交。表 4-2 总结了这三种知识产权交易方式的优劣势。

表 4-2 三种知识产权交易方式的优劣势对比

	优 势	劣 势
拍卖	市场定价,较适合标准化、透明度高、众多竞价者的知识产权交易	信息不对称,较难适用于复杂专利和技术秘密等交易
招投标	"市场+专家"复合定价,不限于单纯的价格优化,有竞争机制	时间较长,流程较复杂,费用(如中介费、专家费等)较高
协议	方式灵活,充分沟通,尤其适合复杂交易和秘密交易,大多数知识产权交易采取协议方式	缺少竞价环节、交易效率不高,须避免关联交易

企业之间无论采取哪一种交易方式买卖知识产权,都离不开对知识产权的估值,技术成果的估值是所有交易的基础。精准的知识产权的估值涉及大量的市场分析和财务推算,非常复杂。本节更多是进行简单而实用的科普介绍,使企业管理者对知识产权估值有一个总体概念,以便能够在必要时向专业人士询问有针对性的问题。

一般来说,知识产权的估值分两条路径,第一个是定性,第二个是定量。定性是指从法律、技术、经济等视角,对知识产权进行评估。由于每一件知识产权的作用对于企业而言有所不同,从法律、技术、经济维度的定性估值有助于企业对知识产权进行分类、分层级的管理,最大化知识产权的价值,降低维护成本。

以专利为例,其法律价值评估主要基于稳定性、权利保护范围、侵权可判定性和依赖度等指标。稳定性的判断包括但不限于专利有效性评价、同族专利情况和复审无效情况。权利保护范围的评估主要看它的不可规避性和权利要求合理性。若规避难度越高,该专利的价值则越高。侵权可判定性的评估主要看它的权利要求类型和技术特征属性。同族专利也可以提升专利的法律价值。同族专利拓展了专利的空间边界,使得权利人获得更大的聚合收益。另外,专利的剩余保护期也可以衡量专利价值。剩余保护期越长，专利的价值便越高。

专利的技术价值主要体现在技术的先进性、替代性、适用范围、独立性、成熟度和领域发展态势等方面。专利涉及的技术原创性越高，问题越重要，实现效果越好以及被引用次数越多，该专利的价值自然也越高。换句话说，技术越容易被替代，该专利的价值就有可能最后变得一文不值。专利的成熟度与它的价值呈正相关。高成熟度代表了产品化、规模化、产业化的无限可能，而这类专利恰恰是市场交易的焦点。顺应行业发展趋势的专利也是人们关注的焦点。不同的行业以及不同的发展阶段都会影响人们对专利价值的判断。无可争议的一点是，人们普遍认同越早期的行业核心专利，其价值越高。

专利的经济价值评估指标包含市场规模、市场占有率、市场应用情况等方面的考量。若专利技术对应产品的市场规模越大，它所能创造的经济效益也会越大，专利的价值自然也越高。高市场占有率的产品，也意味着它有着高专利技术垄断度，它能创造的收益自然远高于其他专利。市场应用情况通常与政策有着强关联。政策支持度越高的技术或者产品，通常会获得大额资金的支持或者税收支持，因此，高政策适应度的专利技术价值也越高。科创板提出的三个面向——面向世界科技前沿、面向经济主战场、面向国家重大需求的六大高科技赛道——就有很高的政策适用性。最后，那些已经投入运用的专利技术，表明其具有已被证实的市场需求，因此，可应用度越高的专利，价值也就越高。

除了定性估计外，涉及交易的专利估值更多是采用定量估值法。定量估值又可以分为静态法和动态法两种。

- 静态法包括成本法、市场法、收益法等。成本法是指计算一下专利生成和授权花了多少成本，或者重新开发这个专利需要花多少钱，这个方法的问题是专利的价值不一定与成本挂钩，应该远远高于成本，这时企业才愿意去转让专利，以获取相应的利润。市场法是指参照已发生的类似交易来进行定价，但由于专利的独特性，找到的参照物却不一定十分匹配目标专利。实际操作中最常用的静态估值法是收益法，计算如果企业有了这样的专利，可能会带来多少现金流，然后按照折现的价值进行估值。但是，对于科创企业的一些前沿专利，有时收益法也不太容易实施，这是因为这些前沿专利的不确定性较强，基于专利而产生的未来现金流的变数也很大，此时动态法可能会更合适一些。

- 动态法以期权法为主,期权是一种权利,期权所有者可以行使这个权利,也可以暂时不行使这个权利。专利也具有类似期权的特性,企业可以拥有某个专利,但不一定立即投入资源实施这个专利,使其变现。也正因为期权和专利的相似性,在金融市场用于估值期权的方法被引入专利估值的实践中,用于对专利的动态估值。

表 4-3 总结了专利定量估值法的特征与优劣势。

表 4-3 知识产权的定量估值法对比

	形 式	优 势	劣 势
静态法	成本法	计算历史投入或需要重新开发/购买相应科技成果所需投入的费用	适用于确权过程简单、开发费用、管理费用等相对较低的、成果未来收益不定的评估	价值和开发成本无直接关系;分离出单个科技成果开发成本较难且主观
静态法	市场法	在市场中寻找到与目标科技成果相似的交易,进行比较、核算	经历市场的检验,客观性较强;不需要完整的财务资料以及复杂的模型	对复杂技术成果,较难收集相似交易的完整以及有效数据
静态法	收益法	在规定时期技术成果所实现的经济收益通过折现率折算成现值	金融行业的成熟算法,考虑了市场收益大小、专利技术获利期的长短和市场风险,是现今主流评估方法	所有风险(新技术、专利无效、盗版等)都被简单的折现率涵盖;较难分离单独科技成果的收益
动态法	期权法	基于知识产权不仅自身拥有一定的价值,也有类似期权的特性(对不确定价值的选择权)	包含动态因素对知识产权价值(如现金流)的影响,为权利人管理知识产权提供灵活性	专利没有二级市场交易频繁的特质;专利预期收益的波动率与期权法模型的参数假设可能有偏差

4.3 激励机制促进科技成果转化知识产权

明确了科技成果转化为知识产权之后的估值,对于激励内部员工积极参与到转化过程中来也非常有帮助。例如,前面提到某公司把知识产权分为 A、B、C 三类,企业清晰地定义了相应的激励计划:A 类知识产权的发明人及相关人员奖励

100万股公司股份,让该发明人的奖励与公司长期发展相关;B类50万股+现金;C类更多是与年度考评、调薪加分相关。公司清晰的奖励制度极大地提升了企业对科技成果转化为知识产权的重视文化,让员工和各部门对成果有自豪感和责任感。过去研发人员提交了专利,知识产权这边不积极接手,甚至还有搁置的现象。现在由于知识产权文化的改变,公司会通过"技术大比武"等活动,积极鼓励把自我研发技术转化成知识产权,企业甚至因此涌现了不少"专利积极分子"。

现实中,根据《专利法》的相关规定,公司员工职务发明创造的专利权、著作权、产品登记权等知识产权作者只享有署名权,但所有权归公司所有,研发人员往往会因奖励条款不明确或吸引力不强而缺乏申请专利的主动性。虽然《专利法》第十五条规定:"被授予专利权的单位应当对职务发明创造的发明人或设计人给予奖励",但在实际操作中,知识产权相关人员的主动参与度以及参与的系统性都有或多或少的缺失。2023年4月,智慧芽发布了新的关于企业知识产权管理现状的研究成果。在收到的800多份问卷中,专利管理人员认为专利的"固化技术成果"的价值从86.9%提升至91.4%;"防范经营风险"的价值从76.0%增长至高达90.7%;73.5%的受访企业认为专利在"限制竞争对手"方面发挥了价值,这一比例较去年提升了高达16个百分点;"提升品牌声誉"的价值体现从72.8%增至86.0%;"提供技术情报"的价值从84.5%微降至81.2%;此外,有30.7%的企业认为专利对"收入获取"具有价值,同比增加了3.1个百分点。① 这些数据表明,企业已经充分意识到了知识产权的重要性和价值,但对于如何申请尤其是激励员工申请更多的专利仍有些摸不着门道。

在设计知识产权激励机制的过程中,企业可以注意以下四个方面。

(1) 从鼓励技术人才积极申请知识产权下手。激励的设置是为了促进创新。然而,很多企业的奖励制度是落后的、浮于表面的,这甚至比没有奖励制度更打击员工的积极性。因此,为了提高研发人员的知识产权创造和转化动力,应该要建立实时、明确、有实际意义的奖励机制。知识产权的保护贯穿研发的全过程,知识产权的奖励机制也应该贯穿研发全过程。在研发的前期阶段,比如对概念可专利性的评估可以设立奖励或相应的积分机制;在产品开发阶段,每做好一次侵权规避便给予相应的奖励或记录;在产品研发后期,最终以知识产权成果的多少、优劣来展

---

① 资料来源:智慧芽创新研究中心,2023全球企业知识产权创新调研报,[R].智慧芽,2023-4-27.

开奖励。奖励机制的设计需要关注促进研发人员和知识产权人员的工作积极性和跨部门的协作性。

（2）强调激励制度的系统性和延展性。知识产权是服务于企业商业目的的，单纯的创造和保护都还没有实现知识产权的价值，只有把知识产权应用到商业运作中，才能释放它的价值。在这个过程中，不只需要研发人员和知识产权人员，也需要法务人员、业务拓展人员、市场人员，甚至财务人员的积极配合（详见第 5 章第 1 节）。通过设计全面和里程碑式的评审和奖励制度，及时向各部门人员反馈和通报知识产权的相关进展，组织以 C 级领导牵头的跨部门知识产权负责委员会，科创企业能够使各部门从全局来看待自身对知识产权价值实现的贡献和与其他部门的关联性。

（3）重视知识产权经济奖励制度的重要性。知识产权的来源是公司员工的知识资本。当企业有了先进的研发成果后，员工常认为技术成果相关工作到此结束，而对于下一步的科技成果保护和运营等不再关心。因此，科创企业对于在知识产权形成、保护、管理、运营等方面有突出贡献的部门和人员，应明确奖励制度，给予包括发放奖金、分配公司股份、授予荣誉等物质或精神方面的奖励，从而提升员工主动参与企业科技成果知识产权化的积极性。

（4）要明确员工对知识产权的责任边界。例如，建立相关技术秘密保护制度，明确员工应主动避免因知识产权泄露而带来的风险以及相应的处理措施。同时，这些措施也应随着内外部治理环境的变化而定期更新，以便更好地适应公司管理。

管理赋能

把科技成果转化为知识产权，除了要和研发过程紧密结合外，还需要解决三个方面的管理问题：

第一个管理问题是为不同的科技成果选择不同的保护方式，尤其是在专利与技术秘密这两类知识产权中做出合理选择。企业可以根据技术本身的封闭性、产品与其他技术的可组合性、竞争对手的可模仿能力以及产业市场的大小、持有成本高低等特征，决定研发成果采用专利的形式还是技术秘密的形式进行保护。

第二个管理问题是要合理对转化后的知识产权进行定性和定量的估值，从而判断这一知识产权的潜在价值，并决定投入的程度。目前主流的知识产权评估方法有很多种可供参考，但本书认为借助历史案例以及中介的作用仍然非常关键。

第三个管理问题是能够更好地激励员工积极参与科技成果的转化,尤其是潜在高价值科技成果的转化,此时激励体系的制度设计是关键。除了精神奖励之外,固定的基本经济奖励、按级别的差异化专利奖励、与企业战略方向一致的专项奖励,甚至按专利价值按比例奖励都是科创企业常用的激励手段。

讨论案例

达闼科技的"专利合伙人"计划[①]

Our intellectual property rights are valuable, and any inability to protect them could reduce the value of our products, services, and brand[②].

北京望京 SOHO 的办公室里,云端机器人企业达闼科技(以下简称达闼)创始人兼 CEO 黄晓庆(Bill Huang)正在查看知识产权部提交上来的一项关于区块链的专利申请审批。一小时前,知识产权总监 Frank 刚向他做完 2021 年度部门工作汇报。截至 2022 年 3 月,达闼已拥有超 2 200 项专利,在全球云端机器人领域排名第一。

卸任中国移动研究院院长后,黄晓庆选择了创业再出发。他这次选择的赛道——云端机器人涉及通信、区块链、计算机视觉等前沿且复杂的领域。"硬科技"属性决定了达闼必须要对高端技术和优秀人才进行高投入。什么样的激励措施才可以最大限度地激发研发人员专利申请的热情呢?黄晓庆根据自己过往的经历,制定了一套创新的以员工为导向的专利合伙人计划。

黄晓庆其人

1982 年,黄晓庆前往美国伊利诺伊州立大学攻读电子工程和计算机科学硕士。毕业之后,他顺利地加入贝尔实验室。贝尔实验室是通信行业的"黄埔军校",很多发明都来自当年的贝尔实验室。在贝尔实验室工作期间,每当黄晓庆成功申请一项专利,他就会得到 1 000 美元的奖金。钱不算多,但这是黄晓庆感受到的最

[①] 本案例由复旦大学管理学院案例研究员张春依和王玉洁等根据企业调研和公开发表资料编写。案例仅作为教学和研究资料在课堂讨论中使用,不代表对本案例所含相关内容的认可,不作为原始数据的来源,亦不暗示某种管理方法或策略一定有效或一定无效。
©本案例的版权归属复旦大学管理学院所有,未经许可,不得以任何方式复印、抄袭、存储、传播和出售本案例的任何部分,也不得制作成其他形式的版本。如需取得使用授权,请致电 021-25011399,25011388,或邮件联系:case@fdsm.fudan.edu.cn。

[②] 达闼科技.招股说明书,https://www.sec.gov/Archives/edgar/data/1770540/000104746919004155/a2239025zf-1.htm.

直观的专利价值。这段在贝尔实验室的工作经历对他后来的职业发展之路产生了深远影响。这段经历给黄晓庆带来的不仅仅是技术积累,更是在他心里培育了一颗重视专利发明的种子。1995年,黄晓庆从贝尔实验室离开后与人合伙创办了UT斯达康。十几年前风靡全国的小灵通正是UT斯达康的主打产品。在UT斯达康工作的那些年,黄晓庆见证过4 000多项专利的申请。

2007年1月初,黄晓庆受邀出任中国移动通信研究院院长,这一干就是8年。2015年春,黄晓庆婉拒了中国移动通信研究院的续聘邀请,卸任院长一职。黄晓庆主政的这些年间,仅中国移动研究院申请的专利就超5 000项,其中多数为4G和5G的核心专利。

达闼科技

"我们的生物大脑很省电、很轻,但它不够快。上帝很公平,一个计算机每秒钟运作速度比我们快几千万倍。所以,我们就可以用一个不一样的方法来做机器人,左边是人类,全部都是用神经组织,由生物体组织组成的。右边就是一个机器人,机器人的大脑不能扛在肩上,所以我们把它放在云端。它的神经网络用无线通信网络代替,机器人的身体就像一个阿凡达。你会发现人类已有的技术可以完成这个工作。"[1]这就是黄晓庆设想中的云端机器人。黄晓庆希望将这样的"云端"设计成开放性的、端到端的机器人系统,并将其作为一种服务提供给全世界。在这个平台上,每个接入的云端机器人可以共享知识池,访问云中强大的计算和存储资源,从而扩大云端机器人的应用场景。一旦萌生了云端机器人的概念后,黄晓庆立马创办了达闼科技(Cloud Minds Technology),并在很短时间内完成了组建团队、租赁办公场所和制定研发技术路线等一系列准备工作。

达闼科技的主要收入来源包括云端机器人及相关服务(Cloud Robot and Services)、云人工智能解决方案(Cloud AI Solutions)和智能设备(Smart Devices),以及其他与云计算业务相关的收入,如出售或租赁云端机器人、为企业客户提供云人工智能服务等。达闼目前的主打产品有云端机器人、云端拉曼检测设备、智能柔性执行器(Smart Compliant Actuator,SCA)等。达闼的客户涉及智慧零售、智慧城市、智慧社区等领域,覆盖应用场景有安防、医疗、运输等。除云端机器人本体和

---

[1] 遇见 WeMeet.黄晓庆:从《星际迷航》到云端机器人[EB/OL].https://www.westlake.edu.cn/news_events/westlakenews/imeet/202008/t20200820_7030.shtml,2020-7-30.

硬件设备之外，随着产业的成熟与分工的精细化，达闼也逐步向产业链上游和中游转移，为众多机器人公司提供云智能机器人的操作系统与基础系统服务。"成为机器人运营商"一直是黄晓庆的终极目标，因此达闼当前重点研发的产品是机器人操作系统。2021年4月，达闼宣布完成超10亿元的B+轮融资。至此，达闼先后完成了五轮融资。

达闼尝试将机器人操作系统的应用落地。2020年2月28日，达闼为武昌方舱医院设计并实施以云端机器人为基础，以5G/4G网络为支撑的全套信息化和数字化的运营方案。基于达闼的云端大脑HARIX(Human Augmented Robotic Intelligence with eXtreme Reality)，医院的HIS(Hospital Information System)系统和第三方IoT(Industry of Things)系统，可以实现实时监测方舱患者数据，与智能机器人进行远程监控通话(参见附录1)。

2020年12月，达闼科技正式对外发布海睿云端机器人操作系统——HARIX OS(参见附录2)，这也是继电脑Windows、手机Android和IOS之后，全球首个面向机器人的操作系统。海睿云端机器人操作系统HARIX OS由人工增强机器智能、多模态融合人工智能、数字孪生、持续闭环学习和智能进化五个部分组成。云端大脑提供机器人的AI能力，经过5G安全高速网络，控制机器人完成各种任务。

专利合伙人计划

黄晓庆清楚地知道，只有拥有了核心技术，他的"机器人运营商梦"才有可能实现。核心技术的来源是优秀的研发人员，为了留住这些人才和保持团队稳定，黄晓庆在想，怎样才能把企业和核心研发人员捆绑成为利益共同体？联想到之前在贝尔实验室、UT斯达康和中国移动的工作经历，黄晓庆意识到一项"诱人"的特殊奖励计划也许既可以为公司提供源源不断的高价值专利或者至少是"专利灵感"(patent idea)，又可以吸引人才。秉持这样的动机，黄晓庆在公司成立之初，就设计并推行一项奖励计划——专利合伙人计划(Patent Partnership Program，PPP)，通过极具竞争力的专利奖励制度，将高比例的专利收入直接奖励给专利发明者，且长久奖励。

达闼科技的专利合伙人计划激励体系主要包含以下三个方面。

(1) 职务发明奖励。PPP规定每项专利可得1 000美元奖励费用，分两次发放，专利申请完成发放600美元，审批通过后，发放剩余的400美元。

(2) 高质量专利奖励。本着培育具有核心竞争力的高质量专利的目的，达闼规定如果该专利为 SEP 专利,或经公司认定为具有高价值专利,则给予一定的奖励金,其中的 50% 给直接发明人,剩余的 50% 奖给辅助团队。

(3) 专利运用奖励。PPP 规定,当公司获得因他人企业运用专利给予的侵权赔偿,则设立赔偿金的 10% 作为奖励金,其中,直接发明人享有奖励金的 50%,剩余的 50% 给予维权的相关人员。专利的授权或转让收入适用同样的分配比例。

除去高额的专利发明奖金,这项计划的特别之处在于,离职员工可享受同样待遇。在黄晓庆看来,10% 的合伙人收益是涵盖整个专利周期的,与员工是否在职无关,所以,如果离职员工在职期间的发明也产生相同的收益,则该离职员工可享受同等待遇。

黄晓庆最初设计这个专利合伙人计划的目的就是让员工与公司一起成长,一起挣钱,员工们能躺着就把钱挣了。达闼设立了一面专利墙(Patent Wall)(参见附录 3),专利墙的正中心内嵌的"Patent Partnership Plan"的标识格外醒目,被公司的专利明星的照片簇拥着。沿着专利墙继续向里走,便会看到公司所有的专利证书。达闼的技术标兵王磊前不久刚刚收到公司 1 500 万元的奖励。王磊的 1 500 万元奖励来源于一个估值为 3 亿元的云端检测发明——云端 AI 手持拉曼光谱仪。这项设备是基于高频面扫拉曼技术的一个专利转化产品,也是达闼跨界专利的典型样板,通信技术加光学技术可以使远程检测性能大幅提升[①]。曾有地方缉毒部门将该设备应用于办案过程,大大提高了办案效率。达闼的云端 AI 检测技术连续在 2019 年和 2020 年度获得光学最高奖项"棱镜奖"(Prism Awards)。在拉曼 AI 检测技术领域,王磊申请的专利数量多达 70 余项。黄晓庆说,王磊用这份奖励折成股份成为新创子公司的合伙人。

PPP 计划刺激了达闼专利申请数量的暴涨。根据知识产权部的统计,60% 的专利交底书都是每周一提交的。研发同事在工作日潜心搞研发,利用周末的时间撰写相关的技术交底材料。招股书显示,在成立的 4 年里(截至 2019 年 3 月),达闼内部共有 180 名员工因突出的技术和发明贡献而获得专利激励计划的奖励[②]。

---

① 利用微机电系统(MEMS)扫描镜的精确定位特性,可以实现选定区域上的点阵测量,获得整个表面的拉曼信号,用于多点测量、精确分析,以揭示样品的异质性。

② 达闼科技.招股说明书,https://www.sec.gov/Archives/edgar/data/1770540/000104746919004155/a2239025zf-1.htm.

可持续的激励

黄晓庆要求公司从管理层建立起一个具有战略高度的"专利文化意识"。他多次在内部会议上强调,公司管理层要重视知识产权,尤其是专利,股东和管理层必须承担和严格执行专利方面的KPI考核制度。

截至2022年3月,达闼累计在全球布局云端机器人、人工智能、区块链和5G领域专利超2 200项(含申请),其中,海外专利达千件,专利授权数量有550项。2021年10月,达闼入选全球区块链专利发明排行榜TOP100榜单,全球区块链有效发明专利授权数量为25项,位列第32名。榜单的第35名是华为,拥有24项专利;第36名是思科,拥有23项专利①。

自2015年成立以来,达闼科技一直在探索和调整自己的知识产权管理路线。但是要想在多方竞争的压力下,通过知识产权管理和运营,构建自己的核心技术竞争力并保持竞争优势,黄晓庆仍有一系列的担忧。黄晓庆最担忧的是短期内,达闼仍然面临着较大的财务回报压力:"就怕现在的资金不够付激励金,但尽管如此,咱们也不能降低奖励标准!"技术型企业普遍面临开发周期长、落地难的窘境,达闼也不例外。专利变现的周期长,专利授权和转让的公允估值等都是悬而未决的问题。另外,达闼的知识产权合伙人制度在具体执行过程中也存在一定的风险。根据最高人民法院知识产权法庭2020年度报告摘要显示,在当年新收的1 948件技术类知识产权民事实体案件中,专利申请权及专利权权属纠纷从上年度的9件激增为163件②。每每思及达闼科技的未来,黄晓庆既充满期待,又感到任重道远……

 案例思考题

1. 达闼科技为何推行专利合伙人计划?
2. 专利合伙人计划有何利弊?
3. 你对达闼科技及黄晓庆在专利激励方面有何建议,以确保可持续性?

---

① 达闼科技上榜"2021全球高相关度区块链授权发明专利'TOP100'",https://www.sohu.com/a/77593498_135359.

② 最高人民法院知识产权法庭年度报告(2020)摘要,http://www.lindapatent.com/cn/info_news/1180.html.

附 录

1. 达闼机器人在武昌方舱医院的应用

图 4-1　达闼机器人在武昌方舱医院的应用

资料来源：案例公司提供.

2. 达闼科技的云端机器人操作系统

图 4-2　达闼科技的云端机器人操作系统

资料来源：案例公司提供.

3. 专利墙展示

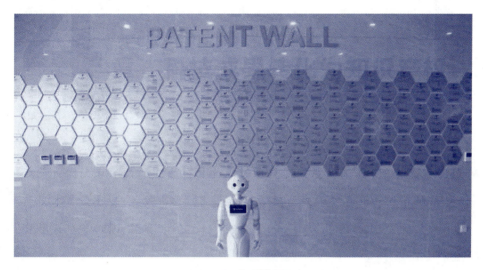

图 4-3　专利墙展示

资料来源：搜狐.

第 5 章 知识产权运营

> 知识产权是 21 世纪的石油。
>
> ——马克·盖蒂

▶ 本章要点

- 理解知识产权价值矩阵的内涵;
- 解释自主性价值、外联性价值、影响力价值和竞争力价值运营的核心;
- 说明知识产权商品化价值的运营手段;
- 理解知识产权诉讼如何成为科创企业的常态化竞争手段。

本章讲述科技成果价值实现闭环的第三步——知识产权的商业化,即通过运营知识产权使之转化为企业的商业利益,并利用回报推动企业的可持续创新。

随着知识产权在商业竞争中的作用不断增长,知识产权对于企业的价值,也从以往纯粹的技术沉淀拓展到商品化、金融化、市场化等多重价值。企业的知识产权确实存在"工作在幕后、产出不显性、量化有难度"的限制性特点,因此,企业要通过积极的运营把知识产权转化成"知识产钱",才能真正实现科技成果的价值。本章将基于知识产权价值矩阵这个框架,系统地向管理者介绍如何运营知识产权来获得更多的商业价值。

▶ 5.1 知识产权价值矩阵

在全球科技企业的实践中,知识产权的价值正从纯技术保护向创造实实在在的经济收益以及增强企业影响力和竞争力等维度延伸。例如,联想在接受研究机构访谈时曾提到专利工作的四重价值:一是保护公司业务——最小化其他专利持有者对联想业务的影响,保护公司的收入和利润;二是保护创新成果——固化成果、阻止抄袭;三是储备技术能力——为联想目前不涉猎的业务提前做好充足的技术布局和储备;四是展现创新实力——通过无形资产为公司提升声誉。在联想业务发展的不同阶段和不同业务单元,专利工作明确不同的专利价值,聚焦不同的工作重点。

智慧芽创新研究中心曾经把专利的价值分为三个圈层:第一个圈层是专利的本体价值,即固化技术成果和防范经营风险这两类价值,帮助企业形成对产品、技术的有效防御;第二个圈层是业务价值,即专利工作直接为企业主业服务,从企业声誉、研发情报、商业竞争三方面,为业务提供支撑;第三个圈层是资产价值,将专利视作企业的一类独特资产,用于获取收入或者融资。为了更简洁而系统地梳理知识产权的多重价值属性,本书提出了知识产权价值矩阵的概念,以此帮助科创企业管理者快速建立知识产权价值实现的大局观,并在实操层面提供引导。

知识产权价值矩阵(Intellectual Property Value Matrix, IPVM)是根据知识产权价值实现主体及其价值表现形式这两个维度而生成的一个 2×2 矩阵(图 5-1)。纵轴主要看知识产权的价值是企业自身主导转化,还是通过跨企业互动来完成转化;横轴则是看知识产权给企业带来的是工具性价值,还是非工具性价值。所谓工具性价值,就是直接经济利益,它能在较短时间内变现;非工具性价值是间接的经济利益,如企业的声誉、供应链掌控力等。我们把相应的四个区间分别定义为自主性价值、外联性价值、影响力价值和竞争力价值,这个矩阵能够简单明了地帮助企业全面了解知识产权价值实现的四大方向,科创企业也可以根据自身的情况决定推进知识产权的价值实现手段和优先级。

在企业自身可控的价值运营方面,自主性价值是指企业自身主导让知识产权产生经济价值的过程,核心是如何利用好研发过程中积累下来的知识产权,进行更有竞争力的新产品开发或新市场开发,并且在此过程中积极地使用知识产权的金融属性,通过融资、质押贷款甚至证券化的方式获得企业发展过程中所需要的资金。影响力价值则是指知识产权对企业自身的形象、品牌所带来的正向影响力,甚

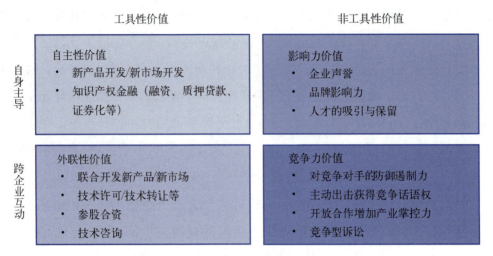

图 5-1　知识产权价值矩阵

至还包括对人才的吸引与保留等。

在跨企业互动的价值运营方面，外联性价值是指企业基于拥有的知识产权，如何与其他企业通过联动实现更多的商业利益，包括与产业合作伙伴联合开发新产品、开拓新市场，通过技术许可、技术转让等方式获得收益，还包括用知识产权作价参股合资，进行技术咨询收费，甚至通过侵权诉讼获得高额赔偿。另外，知识产权对提升企业竞争力的作用可能与其变现价值同样重要，其中包括通过防御型策略对强大竞争对手的进攻进行防御和阻击；利用自身技术优势主动出击，迫使竞争对手退出市场或签署授权许可；也可以协同合作伙伴，互通有无，构建并拓展产业生态，共同扩大市场规模。

当然，知识产权所发挥的价值与企业发展阶段密切相关，初创企业还在尝试不同商业模式，迫切需要利用知识产权形成市场化产品，因此一般更重视自主性价值和影响力价值。同时，在医药、通信、高端制造等领域，知识产权早已成为企业融资的必要条件。伴随企业的成长，企业自身主导的价值贡献度开始趋于平稳，但在跨企业互动而实现外联性价值，以及通过知识产权加大对产业的掌控力的重要性不断凸显，这主要是因为随着企业规模的扩展，其业务边界也不断扩大，与本行业及上下游企业的竞合关系也愈发复杂，知识产权的外联性价值和竞争力价值变得越来越重要。本章后续内容将分别对知识产权价值矩阵的四类价值进行详细说明，另外，考虑到侵权诉讼的复杂度，本章将以独立小节对其进行介绍。

5.2 自主性价值的运营

知识产权作为企业重要的智力资产,是促进企业科技创新、提升核心竞争力的重要源泉,自主性价值运营的核心是企业要把新产品与新市场拓展的基础建立在技术、设计、品牌等知识创造上,通过企业自身的内驱动力,深入挖掘各类知识产权,从而提高产品与服务的附加值,以实现高质量的发展。

对于科创企业而言,在研发过程管理中,一般科技型企业往往会建立共性技术的共享平台和技术平台,在不影响市场客户差异的前提下,尽量共享公共平台上的模块部件,再加入客户个性化的组件,快速、高质量地满足客户的需求。如图 5-2 所示,共享的产品平台与技术平台是可以帮助企业解决客户需求多元化问题的核心工具。得益于共享的产品或技术开发平台,企业能够在开发过程中加快反应和产品迭代的速

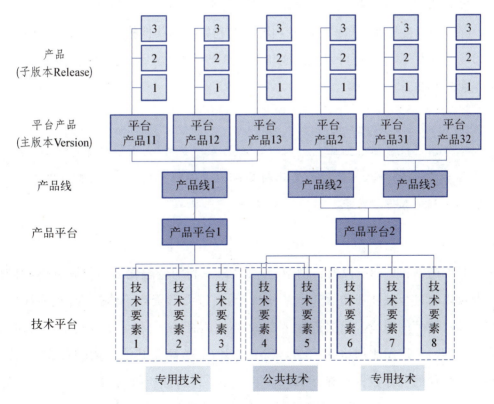

图 5-2 基于共享技术平台和产品平台的产品技术体系

度,这便意味着在响应客户需求上会更加迅速。利用技术开发平台形成产品技术研发体系的公司,则可以在现有的技术或产品平台上进行研发,可以节省更多的时间来进行创新,这对于企业进行多元化发展、扩展多类市场客户群有着非常重要的价值。

从知识产权管理的角度来看,企业的技术平台和产品平台往往是企业高附加值的核心技术专利的聚集地,因此需要进行有体系、有意识的规划,帮助研发部门积累优势专利和专利族,更好地建立起"护城河"。知识产权团队需要与研发团队一起,把知识创造和研究开发中的共性技术以及中间成果收集、保存起来,并通过内部与外部流通和利用,使中间的共性技术成果也能物尽其用,充分实现其价值。例如,东风集团在近年来的专利工作中从关注数量转向注重专利质量,摸索建立高价值专利群的管理体系。识别研发过程中专利的高价值部分,并对核心技术及周边技术进行专利组合,从而形成高价值专利群。国家政策允许 2023 年开始在汽车中使用电子后视镜,东风集团前置研发并形成了电子外后视镜的相关专利成果,进入高价值专利群管理,然后基于这一共性的技术模块,东风技术中心与集团内外企业积极对接,为电子后视镜的商业化开拓寻找到很多新的发展机会。

除了企业自身利用知识产权专利群或专利族搭建共性技术平台,支持新产品与市场的开发外,企业还可以积极地利用知识产权的金融属性获得宝贵的资金,支持企业的发展。

> 知识产权金融指企业或个人以合法拥有的专利权、商标权等财产权,经评估后作为质押物,向银行或其他金融机构申请融资,主要包括专利质押融资和专利证券化融资等类型。

对于初创和早期阶段的科创型企业而言,专利的金融化运用尤为重要,因为企业可以通过金融杠杆盘活知识产权资产,促进无形资产价值提升,改善其"轻资产、缺担保"的困境。根据智慧芽 2022 年的调研,初创和早期阶段企业的知识产权质押融资运用比例达到 23.5% 和 25.8%,显著高于其他阶段的企业。国家知识产权局的统计数据也显示,2021 年全国专利商标质押融资金额为 3 098 亿元,其中,1 000 万元以下的普惠性贷款惠及企业达到 1.1 万家,占到整个惠企总数的 71.8%[1]。根据国家知识产权局发布最新数据显示，2022 年，我国专利商标质押融资额达 4 868.8 亿元，较上年增长 57.1%，并连续三年保持 40% 以上增幅[2]。

微案例 **奥动新能源的专利质押**

奥动新能源自 2000 年成立起一直专注换电技术研发及换电站网络商业运营，拥有超过 3 000 项全球换电专利技术。2021 年，在公司 CEO 的指引下，知识产权产负责人林彦之通过三个专利为公司获得了 3 000 多万元的质押贷款授信额度，而且政府还对企业有贴息政策，奥动实际承担的利率仅为市面上商业贷款的 50% 左右。这对于有专利优势而无大面积土地或厂房的科创企业来说无疑是拓宽了一条更加便利、成本更低的贷款通道。但在实际操作过程中，林彦之依然觉得颇有讲究："我们还在学习和实践专利的金融属性，这次拿了三个有一定代表性的专利，最后得到了评估公司和银行的认可。"林彦之坦言，现在国家想推广专利质押，最大的挑战还是专利评估。

在知识产权金融的实务中，价值评估始终是最大的难题。知识产权作为无形资产，它不像有形资产那样有相对明确的锚定市场价值，它的价值量化具有很高的不确定性，受到多种外界因素的影响。本书在前一章所介绍的知识产权价值评估机制，可以为知识产权评估提供科学、有效的依据。值得庆幸的是，近年来国家出台了一系列政策，支持中小企业开展知识产权质押融资（如《国务院关于进一步支持小型微型企业健康发展的意见》《关于加强知识产权质押融资与评估管理支持中小企业发展的通知》），引导知识产权服务机构、评估机构、担保机构和金融机构合力帮助初创企业解决融资难的问题，显现出一定的成效。

5.3 影响力价值的运营

知识产权是企业内部创新能力的有效证明，知识产权拥有量能够强有力地证

---

[1] 新华社.全国专利商标质押融资额连续两年保持 40% 以上增速[N]，http://www.gov.cn/xinwen/2022-08/24/content_5706674.htm，2022-8-24.

[2] 国家知识产权局.2022 年知识产权质押融资工作取得积极成效[N]，https://www.cnipa.gov.cn/art/2023/2/22/art_53_182216.html，2023-02-22.

明企业的创新能力,可以以此获取客户信任,树立企业品牌形象。知识产权作为一种无形资产,一个技术含量高的专利、一个信誉良好的商标,都能为企业在市场竞争中树立重要的品牌影响力,赢得客户的认可。此外,知识产权还可以为企业带来许多"隐形"利益,如无形的广告效应、高新企业认证、品牌溢价、人才的吸引和保留,甚至是申请政府项目、获取政策或资金支持等。

但是知识产权的影响力价值并不是天然形成的,需要企业有意识地运营。日本从2002年开始实施知识产权立国战略,将知识产权的创造、保护和应用提升至国家战略高度,以增强日本的国际竞争力,实现在知识经济时代的发展和突破。日本从技术和法律等方面加强对知识产权所有人的实质性保护,以使权利人获得利益,有很多做法值得中国借鉴。例如,支持电子水印、权利管理系统和收费系统的开发,普及和标准化知识产权的确认方式,扩大知识产权权利人的影响力和知名度;改善知识产权流通体制,通过数字化的方式将知识产权与权利人绑定,推进知识产权的确权、确价、确信,简化知识产权的交易流程,降低交易成本。这些做法提升了知识产权的影响,可以更好地为权利人带来正面的收益。

目前,一些企业已经在努力地运营知识产权的影响力。例如,公牛集团专利部负责人表示,公牛正在转变理念,希望通过一些高影响力的专利诉讼,在维护业务权益的同时,更好地提升品牌价值。当然,影响力价值还包括搭建更好的政府关系,甚至基于当时、当地的政策,取得前文所提到的显性的自主性价值。例如,高新企业会获得一定程度的资金补助和税费减免;拥有专利的创新品牌药不仅在专利有效期内享有更大的定价空间,而且即使在专利过期之后,相对于仿制药而言依然具有品牌的溢价优势。

5.4 外联化价值的运营

从知识产权价值矩阵可以看出,知识产权的价值变现,除了知识产权拥有企业自主进行产品化、规模化之外,知识产权作为无形资产的一种,也可通过跨企业联动的商业化变现方式把知识产权转化成利润的来源。例如,与产业合作伙伴一起,基于知识产权联合开发新产品或开拓新市场,将拥有的知识产权以许可、转让、参股合资等方式,利用专利获取收入,这就是专利的商业化。知识产权商业化行为本身也是被法律允许甚至鼓励的,是企业创新的动力之一。根据智慧芽的调研,目前中国企业中42.5%的受访企业曾经涉足专利许可,高于专利转让的26.4%,更高于知识产权出资的16%。智慧芽的最新数据显示,我国的科技企业在专利转让和专利质押融资发面有了显著进展。其中,专利转让的广泛应用率已经提高至44.0%,同比增长了高达18个百分点,而专利质押融资的广泛应用率从17.4%增至21.2%,增加了4个百分点。但是,中国企业的专利目前大多处于"休眠状态",其在企业层面发挥商业价值仅占三成左右。伴随着中国知识产权政策和相关的规范、标准逐步完善,知识产权在商业化层面发挥的价值将逐步放大。

常见的知识产权商业化价值运营手段有以下几种。

5.4.1 知识产权许可

知识产权许可指的是在不改变知识产权权属的情况下,经过知识产权人的同意,授权他人在一定的期限和范围内使用知识产权的法律行为。许可类型主要分为独占许可、排他许可、普通许可等。在知识产权市场上,通过知识产权许可实现变现是较为普遍的方式,通信领域专利巨头高通公司掌握了大量的无线通信相关专利,而这些专利也让高通获得巨额收益。根据2021年的财报显示,高通每年通过专利许可获得的利润高达50亿美元。不过在实际操作过程中,知识产权许可收费的可行性还要考虑两方面的因素:一是技术的先进性;二是行业市场的成熟度。以蓝牙为例,20世纪80年代,爱立信研发出蓝牙技术时,技术本身是很先进的,但整个市场的成熟度并不高,此时如果爱立信向合作伙伴索取高昂的许可使用费,整个蓝牙通信产业很可能就没有后来的高速发展。当时爱立信采用了快速营造生态圈的策略,它联合了IBM、英特尔等,制定蓝牙相关的标准,软硬件结合,做技术联盟互相交叉许可,一起先把产业做大,为之后蓝牙的众多商机奠定了基础。

微案例 **信达生物的专利价值**

信达生物成立于2011年,是一家致力于开发、生产和销售治疗肿瘤等重大疾病的创新药企业,于2018年在港交所上市。信达生物就是采用了典型的"引进来,走出去"的专利授权策略。2013年,信达生物成立不久,自身的技术基础还不够强大,为了加快其产品开发速度,信达生物与美国 Adimab 达成合作,Adimab 利用其抗体发现和优化平台,根据信达选定的靶向开发治疗产品。倘若研制成功,信达将负责在中国进行商业化,Adimab 将负责在美国、欧洲和日本地区进行商业化,职责非常分明。这是信达生物自身技术力量还相对较弱时的明智选择。

信达生物的转折点在于它引进了国际医药界巨头礼来的战略投资,开始与礼来共同研制创新药,不断增强自身的研发能力。2019 年 3 月,信达生物首先在中国市场成功上市免疫肿瘤药物信迪利单抗,这是其拥有自主知识产权的科技成果。为了快速回收科研投入、最大限度地实现科技成果的经济价值,2020 年 8 月,信达生物将信迪利单抗中国以外地区的独家商业化权利授予礼来,充分利用礼来在国际医药市场上的产品开发和商业化能力,加速实现知识产权的联动性价值。信达生物也因此收到 2 亿美元首付款、8.25 亿美元潜在开发和商业化里程碑付款,以及两位数比例的净销售额提成。这里特别需要注意两点:第一,信迪利单抗首先在中国市场取得成功,中国是信达生物熟悉的市场,是验证其科技成果产品化的"优质试验田","由内而外"的拓展模式是中国科创企业"出海"的一个良好的选项;第二,"首付款+里程碑付款+销售提成"是一个常用的共赢的知识产权授权合作方式。信达生物的例子表明,企业可以充分利用知识产权的联动性价值属性,加快产品的开发速度和市场拓展,进而给企业带来可观的收益。

5.4.2 知识产权转让

知识产权转让是指知识产权出让主体与知识产权受让主体,根据与知识产权转让有关的法律法规和双方签订的转让合同,将知识产权权利享有者由出让方转移给受让方的法律行为。知识产权转让的概念很好理解,它与其他无形资产甚至有形资产的转让存在共同之处,是整体所有权的转让。目前,很多开放式的技术交易平台或政府主导的技术交易中心都会提供相应的服务,让知识产权转让的过程更为公平透明,减少相关的风险。其中,中国技术交易所和上海技术交易所就是比较有代表性的知识产权交易平台。不过要让知识产权的转让产生可观的收入,在众多技术中识别出真正高价值的、可增值的知识产权是非常关键的一步。在一些情况下,单个知识产权是无法带来持续的增值的,目前大多数单个专利的交易往往标的较小,如果企业可以构建一个宽阔的专利组合,这个组合就可以产生更大的规模效应,给企业带来更积极的现金流。例如,2012年5月,谷歌斥资125亿美元收购摩托罗拉移动,其中包括逾13 000项专利和7 500项专利申请(价值达25亿—35亿美元)[①][②]。另外,技术拥有不同于一般商品的特性,技术通常要转变为产品和服务才能更容易体现出工具性价值,这也使得技术的交易变得更加不易。有的时候,极具价值的技术还可以被作价为股权。下文简单介绍一下知识产权出资入股这一运营方式。

5.4.3 知识产权出资入股

知识产权出资入股是指知识产权所有人将能够依法转让的知识产权专有权或者使用权作价,投入标的公司以获得股东资格的一种出资方式,一起分享专利转化为产品服务后市场化所带来的价值。在中国,《公司法》《中外合资经营企业法》都明确规定知识产权的出资范围为专利权、商标权和技术秘密等。知识产权出资入股时,要确定用于出资的知识产权是否符合四个要件的要求,即确定性、现存性、可评估性和可转让性。并且,知识产权的出资方式为转让出资,也即出资后,该知识产权的所有权完全转让给出资企业,原有知识产权拥有者仅以股东的身份出现在合作关系中。

上述三类知识产权外联性商业化运营与知识产权金融化一样,也需要对知识产权进行价值评估,无论是授权、转让还是入股,知识产权的价值评估都是完成交易的先决条件。

微案例　　**朗科的专利商业化运营**

1999年,邓国顺从飞利浦辞职并创立了朗科,全世界第一枚U盘就在朗科问世了。邓国顺有很强的"知识产权基因",同时还预见到U盘在国际市场的巨大潜力,很快在中国和美国分别递交了有关U盘技术的专利申请。在2002年获得了中国专利授权后,朗科马上发起对北京华旗的专利侵权诉讼,2004年华旗被判侵权,

---

① Zach Epstein. Google bought Motorola for $12.5B, sold it for $2.9B, and called the deal "a success". https://bgr.com/general/google-motorola-sale-interview-lenovo/,2014-2-13.

② Larry Dignan,Google bought Motorola Mobility for $12.5 billion, closed the deal in May 2012 and then went about closing facilities and selling parts of it. Were the patents and handset unit worth it?. https://www.zdnet.com/article/googles-motorola-purchase-was-it-worth-it/,2013-1-4.

赔偿100万元;2004年12月获美国专利授权后,朗科发起对日本索尼和美国PNY的专利侵权诉讼,索尼最终赔偿1 000万美元,PNY支付1 800万美元;在这之后,金士顿、美光、东芝、三星等相继与朗科签署专利许可协议,朗科的这一项基础专利让其"躺着赚钱"20年,保守估计获得了5亿—10亿元的专利许可费,并于2010年在A股创业板上市。朗科陆续取得了150多项与U盘相关的专利,邓顺国也被誉为"U盘之父",被评为"2004年中国知识产权十大风云人物"。这是中国企业通过专利授权作为主要业务而取得商业成功的极少数案例之一,特别是朗科采用了许可与诉讼相结合的知识产权运营手段,是典型的"胡萝卜+大棒"策略,收到了良好的成效。可惜的是,朗科没能利用取得的商业利润打造出自己可持续的创新能力。2019年11月14日,U盘基础专利到期,朗科因为没有后续手段,遭遇"专利断崖"。

尽管朗科没有取得像高通那样的成功,但它对原创知识产权商业化运营的实践仍值得中国科创企业借鉴和学习。

5.5 竞争力价值的运营

知识产权的竞争力价值并非抽象的概念,它确确实实地对企业的发展和竞争带来了极大的影响。在知识产权成为企业核心竞争力的时代,知识产权的竞争力价值是大部分企业极为关注的价值所在。接下来我们将基于知识产权管理的动机,分别对三类最常见的基于知识产权的竞争策略(防御型、进攻型和合作型策略)进行介绍(图5-3),并解释其给企业带来的竞争力价值。

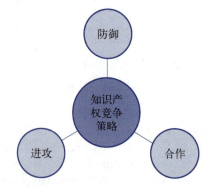

图5-3 基于知识产权的三种常见竞争策略

5.5.1 对竞争对手的防御遏制力

以防御为目的的竞争力价值主要是为了防止竞争对手进入企业核心技术领域。以专利为例,企业首先要注意的是保护自己的基本权利。对公司的核心技术要注意抢先申报。中国的《专利法》第九条规定:"两个以上的申请人分别就同样的发明创造申请专利的,专利权授予最先申请的申请人。"根据这一规定,企业在一项核心技术发明满足提交专利申请的基本条件后,应及时提出申请,以免申请延迟而陷入被动局面。

以专利侵权为例,技术密集型行业的特点之一就是技术迭代速度极快,当企业在某技术领域投入大量的研发资源,并将依靠该技术所开发的产品投放市场后,却可能会面临因该技术侵权竞争对手的专利而引发诉讼。这是因为,专利仅仅赋予专利拥有者限制他人使用自己专利的权利,而不是肯定自己使用这个专利的完全权利。换句话说,自己的产品即使利用了自己的专利,但仍然有侵犯他人专利的可能性。因此,如果不能提前进行产品侵权规避,很有可能会导致产品上市延期,甚至中断。

一个恰当的知识产权保护和防御策略不仅可以帮助企业提前规避侵权风险,也可以防止被他人模仿或抄袭,以增强在未来竞争中的先机。防御策略的根本目的旨在帮助企业保留知识产权运营和未来商业化的自由,并不受竞争者的威胁。防御策略又包括战略隔离和战略防卫,前者是指采用与竞争对手不同的技术路线,后者是指在设计过程中刻意规避竞争对手的专利。防御型的专利竞争策略可以帮助企业提前锁定后发优势地位,筑造专利防护墙以抵御被他人诉讼的风险。此外,防御型知识产权战略也可以帮助弱小企业保护自己的目标市场,打破对手的技术垄断。

当然,企业也可以选择对科技成果"刻意公开"的防御手段。有些技术对于企业来说不一定非要申请为专利,即没有独占的需求。但是,一旦竞争对手将相关技术进行专利申请,则会成为企业的潜在竞争风险。中国《专利法》规定,发明创造欲取得专利权,必须具备新颖性、创造性和实用性等特征。因此,为了不被竞争对手通过申请专利抢占相关技术的排他权,技术拥有者或企业可以定期通过公众渠道公开自己的发明创造,使之失去"新颖性",也就消除了竞争对手将相关技术申请专利的可能性,消除了自己未来侵权的可能性。例如,IBM经常采用这种技术公开的方式,在它每月出版的技术公报中公开未申请专利的技术发明。

防御型知识产权战略的另外一个重要方式是构建强有力的专利组合围栏。专利组合围栏可以帮助企业在专利纠纷中占据优势,进而增加谈判的筹码。例如,被诉侵权的企业可以利用其拥有的专利组合中的相关专利对原告提起反诉,最后达到诉讼和解或者胜利的目的,本章末"讨论案例"中记述的中微公司,作为科创板第一批上市的企业之一,充分利用自身的知识产权,敢于对抗逾己数十倍规模的竞争对手,成就了守中有攻的典型"战例"。专利组合对于竞争对手来说,诉讼成本高、被无效的可能性小。因此,当企业无法明确未来哪些市场的竞争者会借助同类或近似专利发起侵权诉讼时,最常用的形式之一就是构建自己的专利组合围栏,把竞争对手拦在"护城河"之外。专利组合的建立应该要注意两个方面。第一,范围要广。专利的申请是为了保护自己不被竞争对手侵权。因此,对于有条件的企业来说,要尽可能地将自己的专利组合范围拓宽,从而防止竞争者的进入。小米的知识产权负责人曾经说过:"在通信行业,我们一定先要有足够数量的专利,才能免遭他人的恶意诉讼。"第二,定期检查并进行专利防护补缺。专利组合中的专利并不是成片相连,相关专利之间可能会存在一定的"缝隙",这些"缝隙"就像留给竞争对手的"定时炸弹",竞争对手会利用这些缺口打乱企业的专利布局。因此,定期修补专利组合中的缺口是防御型知识产权策略的必要举措。

总的来说,对于初创企业或者不具备技术领先优势的企业来说,建立一道坚实的防御围栏可以改变自己在市场竞争中的被动地位,以最小的投入获取最大的效益。

微案例　　骑客的胜利

电动平衡车的使用场景覆盖广泛,包含日常出行、送餐服务、工业运输等。根据资料显示,全球范围内的电动平衡车专利申请数自2013年开始大幅上升,在2016年达到阶段性顶峰。中国企业在此领域的专利申请数量也自2013年开始呈上升趋势,且与全球申请量差距逐渐缩小[①]。这也从侧面说明了中国科技企业不

---

① 赵鑫.电动平衡车专利运用及市场分析[J].新财经,2019(01):47-48.

仅重视研发的投入，而且开始重视研发成果的保护和专利布局。在电动平衡车专利申请数量的排行榜上，骑客智能科技有限公司（以下简称骑客）一直位列前茅。骑客是国内同时集电动平衡车的研发、生产、销售和服务于一体的高科技企业。但这样一个专利意识超前的企业也曾遇到过专利维权难的困境。

美籍华人陈星的美国发明专利US8,738,278（以下简称278专利）一直被行业内看作平衡车行业"不可绕开的行业基础专利"。2013年2月11日，陈星申请该专利，并于2014年5月27日获得授权。然而，就在对该专利提出申请后不久，陈星就在中国申请了与该专利极为相似的实用新型专利（专利号：201320128469.4），该专利于2013年8月28日获得授权，只是发明人和权利人却是陈和，即陈星的堂兄弟。2015年9月，陈星将美国专利授权给美国知名平衡车公司Razor。自此，借助该"基础性专利"，Razor在美国发起了对行业内主要企业的专利诉讼，骑客就是其中一个主要被诉对象。

ChinaIP记者曾报道："在进一步检索时发现，事实上，早在2012年4月18日，在第一次对278专利提出美国临时专利申请后不久，陈星便已在中国同步提出对应的发明专利（申请号：201210112847.X）申请。因为更换了发明人身份，陈星并未要求美国专利申请的优先权日。据资料了解，该发明专利在申请阶段被驳回，最终并未获得授权，而已被授权的实用新型专利，则是在收到发明专利第一次审查意见通知书后，权利人补充了一个实施例提出的。广东哲力知识产权事务所律师刘兴彬曾将这项278发明专利对应的中国实用新型专利评论为'似有不得已而为之的意味'，而这样的申请策略'也暴露了该专利先天的不稳定性'。2015年9月，美国电动滑板车巨头Razor公司以1 000万美元的价格获得了278专利的独占许可，却并没有过问其对应的中国专利。"

面对来势汹汹的Razor，骑客没有坐以待毙，而是组建了自己的诉讼团队进行积极应对。经过一系列的准备，2016年1月4日，骑客向专利复审委请求宣告278专利对应的中国实用新型专利（专利号：201320128469.4）无效，至2016年7月1日，专利复审委最终作出审查决定，以不具备新颖性为理由，宣告陈和的该项专利权全部无效。

据China IP报道，"国内陈和专利被宣告无效，不仅仅是澄清长期以来外界对骑客的误解，也是为了我们后面的专利反攻做准备。Razor和骑客经过多轮攻守诉讼，其中包括 Razor 为了给 278 专利"打补丁"，弄巧成拙地启动了"重新颁发程序"（reissue proceeding）和"专利继续申请程序"（continuation patent application），美国国际贸易委员会 ITC 最终于 2021 年 1 月 22 日宣布因侵权事实不足且 Razor 的申请未能满足"国内产业要件"（domestic industry requirement）的要求，取消了 Razor 对骑客提出的 337 调查，也终于给这场旷日持久的商战画上了句号。"

5.5.2 主动出击获得竞争话语权

进攻型知识产权策略主要是利用自己的优势知识产权进行主动攻击，通常表现为：① 通过开发基础专利技术进行战略圈地，例如，施乐公司在预感复印机将会成为必需品时，抢先申请了核心技术的基本专利以及大量外围专利；② 主动提起诉讼打击竞争对手，让竞争对手的产品在市场上丧失竞争力；③ 设计专利诱饵以获取高昂的许可费等。在真实的商战中，一些企业会有意识地采取进攻性的知识产权竞争策略，"先发制人"地阻止竞争对手的研发和市场拓展，为自己的核心技术维权，甚至通过进攻来迫使对手缴纳专利授权费而获利，从而增强自身的市场优势地位。目前，采取进攻型知识产权战略的公司多为拥有雄厚技术研发能力、经济实力较强的高科技企业，但一些具有"独门绝技"的中小型科技企业也开始敢于利用高质量知识产权主动出击，这种进攻型策略充分表现在多家企业在科创板 IPO 申请过程中遭遇竞争对手利用知识产权侵权诉讼而发起的"精准打击"。

进攻型的知识产权策略最常见的手段之一是开发基础专利组合。基础专利是指企业具有高度独创性且短时期内不易被竞争对手模仿和规避的专利，该专利技术具有一定的行业领先性，即发展前景大，短时间内不会被技术革命颠覆。针对这种类型的专利，企业要从深度和广度两个方面进行充分挖掘。比如，企业可以在基础专利周围建立专利围栏，不同于防御目的的专利围栏，进攻型的专利围栏旨在建立一个可以延伸到对方技术领域的排他权利。这种主动型的策略要求企业具有前瞻性思维，即使自己不使用优势知识产权主动发起诉讼，也要给竞争对手以极大的威慑力，使之不敢轻易进入我方市场。进攻型专利围栏可以涵盖一系列完全不同的技术解决方案的专利，在专利围栏的建造中，除了依靠自身团队的经验，企业还可以聘用相关的技术专家和法律专家,充分了解行业走向以及竞争对手的产品开发技术路径,使设计出的专利围栏具有可靠的方向性和目的性。同时,企业还要做好足够多的技术储备和相关专利的全生命周期管理,以便在基础专利期限届满时,仍有备用防护方案来保护企业的竞争优势。例如,高通长期致力于研发无线通信领域的基础发明,并通过基于其基础发明的知识产权进攻型策略为其专利维权、授权,产生的营收成为高通收入的主要来源。

企业还可以进一步将专利与行业技术标准挂钩,从而更好地维护自身主导技术的优势,形成基于标准必要专利(Standard Essential Patent,SEP)的进攻态势。2021年9月发布的《知识产权强国建设纲要(2021—2035年)》中提到,要"深度参与全球知识产权治理",这不仅含有国家意志,也同时鼓励更多企业能够像华为、中兴那样,在下一轮的科技竞争中积极建立中国的标准和推广中国企业主导的技术,引领全球行业的发展方向。

微案例　　专利布局是企业参与竞争的底气

美国杜邦公司和上海纺织控股(集团)有限公司围绕芳砜纶的专利战是中国企业在知识产权领域"永远的痛"。在高温防护材料领域,美国杜邦公司的Nomex和上海纺织控股(集团)旗下特安纶公司的芳砜纶是竞争产品,都有耐热阻燃的特点,在石棉制品、防护服、过滤网、绝缘材料等领域有广泛应用。芳砜纶的诸多性能甚至优于Nomex,有望全面取代Nomex,打破其在耐高温纤维领域的技术垄断。2007年,杜邦公司提出收购特安纶公司,被拒绝后,杜邦立即针对特安纶的基础核心专利进行了围堵式的专利布局,并发起了激烈的专利战。特安纶仅有两件"国产"的芳砜纶领域的基础专利,此前无任何周边专利和国际专利。杜邦抓住这一"漏洞",相继就芳砜纶材料阻燃纱线、防护服、耐火纸材等领域的应用技术申请专利,并提交了多件与芳砜纶相关的PCT申请,专利布局囊括多个国家和地区,形成了针对非自身产品的全球专利布局。据统计,仅在中国,杜邦已经布局254件与芳砜纶有关的专利,涵盖化合物的制备、复合材料、生产工艺、产品和应用方面,重点布局工业生产和下游应用领域,实现了全产业链的专利抢位。这样的布局也使得市场中无人敢购买、销售芳砜纶产品,一旦被Nomex发现,杜邦便会发出专利侵权警告。长此以往,两个同类产品的全球市场销售额相差数百倍①。

5.5.3 开放合作增加产业掌控力

随着市场竞争生态的多样性,特别是科技行业的产业链越来越趋于扁平化,产业链之间的层级边界越来越模糊,企业间的相互融合度也越来越高,传统的企业间双边的竞争对抗关系常常演变成竞合关系。尤其在科技领域,日益复杂精微的技术变革造就了多个企业各自"身怀绝技"。例如,一部智能手机所涉及的专利可能就超过10万项,没有任何一家企业能够做到赢者通吃,"你中有我,我中有你"成为行业新常态。

同时,过度地利用知识产权而实现的排他在某种程度上会限制技术的进步与整个产业的发展。在这一前提下,知识产权的合作、共享甚至开放也是竞争力价值的表现之一,以开放换取合作保护,增加对产业生态的话语权和掌握力,与友商及上下游业务伙伴合力把行业规模做大,提高知识产权的利用效率,降低研发成本,成为符合企业自身利益的共赢选择。例如,特斯拉早在2014年就宣布欢迎所有新能源汽车行业企业善意地使用其所有专利;华为宣布自2021年3月起收取5G专利许可费,单台上限费用2.5美元远低于高通收取的手机售价4%左右的专利费,这也是华为在探索企业盈利和行业共荣之间新平衡的重要实践。"在底层架构和数字语言这些基础设施型专利层面更加开放,在开放的基础上开展更高水平的竞争"成为许多新一代信息技术企业的呼声。

知识产权的合作包括外包开发、联合开发、交叉许可等方式。知识产权的联合开发主要是两家及以上的企业或机构为了同一个研发目的而进行合作。通过与其他机构的合作,参与方可以利用各自的资源和能力优势,取长补短,开发出单靠自身无法取得的技术成果。例如,vivo联合三星Exynos共同研发Exynos 980处理器和Exynos 1080处理器,这种合作帮助双方实现了资源互补和成本最小化的目的。企业在选择联合开发的模式时,需要特别注意在项目启动前约定知识产权的权属和权益,以避免后续出现争议。

---

① 周东洋.高价值专利是企业参与竞争的底气[N].中国贸易报,2022-04-15.

高科技企业的知识产权权属错综复杂并且相互关联。技术或专利相近的企业之间可以通过合作来实现以较小的投入换取较大的产出,其中,交叉许可是最为常见的合作方式。交叉许可(cross-licensing)规定合同参与方互相享有的使用权、产品生产和销售权,每个合同方都可以避免因侵权纠纷而引发的诉讼。同时,交易的各方还可以通过引进互补的技术成果降低自身产品开发的成本,快速推出客户需要的优质产品,或增强行业中相关产品的兼容性。有时,这种非竞争型的合作比对抗性的技术竞赛对整个行业的健康发展更加有意义。

随着商业模式越来越多地向协作型、生态平台型发展,企业与企业之间的合作愈发紧密,适度开放知识产权、联合合作伙伴,共同做大市场来保持竞争力,不失为企业重要的知识产权运营策略之一。

微案例 特斯拉的专利公开

特斯拉是全球领先的电动车及新能源公司。电动车的技术核心集中在电驱、电池和电控系统。因此,行业内包含特斯拉在内的所有企业都将自己的研发重心集中在这三个方面。根据专利数据库检索,截止到2022年5月,特斯拉在全球范围内已经有3 000多件公开专利,其专利数量位居行业前列。这些专利涉及电池组、电能存储系统、电容器、动力装置、电机、操作界面等电动汽车技术[①]。

许多公司在拥有了较多专利后,选择利用专利赋予的专属权进行技术保护,如专利诉讼、专利交叉许可等多种形式。特斯拉却另辟蹊径,选择对外公开所有专利。2014年6月,特斯拉创始人埃隆·马斯克(Elon Musk)在公司发表博文"All Our Patent Are Belong To You"。文中提到:"特斯拉的创立是为了加速可持续交通的到来。如果我们清除道路上的障碍,制造出了引人注目的电动汽车,但随后又在我们身后埋下可能因知识产权而引爆的地雷来阻止他人,那么我们的行动就与特斯拉创立的目标背道而驰。特斯拉不会对任何善意使用我们技术的人提起专利诉讼。"

自宣布专利开源以来,特斯拉坚持至今。有机构分析,特斯拉的专利开源奠定

---

① 蒋雯.特斯拉专利开源的底层逻辑:技术储备和做大蛋糕.智慧芽创新研究中心, https://www.zhihuiya.com/observer/info_30.html.

了其核心竞争优势①。

（1）通过专利开源做大"蛋糕"，同时提升知名度。特斯拉宣布专利开源的时期是电动车市场的发展初期，电动汽车产业在整个汽车制造和销售市场中占据的份额较小。特斯拉在行业发展的萌芽期，希望通过专利开源让许多还未有自己专有技术的厂商使用特斯拉的技术，共同扩大新能源汽车市场。

（2）通过专利开源提高其技术普适性，以在行业未来发展中占据优势。特斯拉通过专利开源早早进入众多未来竞争对手的研发体系中，从而提高了特斯拉对全行业的掌控力，也使特斯拉能够持续地保持技术优势和规模优势。

特斯拉的技术和专利开源策略在一定程度上对电动汽车行业发展和相关技术变革起到了加速作用，前员工创业也形成了大量创新外溢，包括诸如华霆动力等中国相关电池系统或零部件供应商也有追溯至特斯拉的渊源。

但是，不得不指出的是，特斯拉的专利开源策略仍然有很大的局限性。如果仔细分析埃隆·马斯克提到的"善意使用我们技术的人"的具体含义，人们会发现特斯拉要求这些"善意者"将来不会起诉特斯拉，也不会挑战任何特斯拉专利的有效性。换句话说，那些使用特斯拉专利的合作者实际上把自己拥有的专利也无偿地交给了特斯拉使用（因为如果特斯拉将来涉及侵权，这些使用了特斯拉专利的合作者无法起诉特斯拉），这当然会限制电动汽车行业的主要厂商大规模地推进特斯拉主导的相关技术。

相比特斯拉的专利开源策略，IBM于2005年向开放源代码促进会（Open Source Initiative，OSI）免费开源了500件专利，而且没有"强硬的"附加条款，从而大力推进了Linux操作系统的广泛使用；谷歌和三星于2014年签订了跨度为10年的、涉及广泛的技术和商业领域的交叉许可协议，使安卓操作系统的市场份额远远地超过了苹果的iOS。

孙子在《谋攻》篇说过，"必以全争于天下"，即必须要有全局战略去争夺市场。因此，企业在制定总体的知识产权战略时，应以一种总体、全面、系统的视角通盘考

---

① 蒋雯.特斯拉专利开源的底层逻辑：技术储备和做大蛋糕.智慧芽创新研究中心，https://www.zhihuiya.com/observer/info_30.html.

虑。在真实的商业情境中,本节所述的三种知识产权竞争策略往往是交织的,而并非完全对立的。随着经济、政策、社会、技术、行业走向、竞争对手的态势等因素的不断变化,以及企业自身的不断发展,企业的知识产权战略也应该是动态的,而不是一成不变的。但无论哪种战略,企业管理者应该时刻牢记,知识产权战略应该是企业总体商业战略的重要组成部分。作为决策者,管理者应时刻审视当前阶段的知识产权战略目标是否与企业的总体目标相一致,是否与企业的商业模式相适配,是否可以为企业带来正向的竞争优势,等等。

5.6 知识产权诉讼的竞争运营对策

与其他行业相比,高科技领域的知识产权诉讼案件数量会更多,因为知识产权已经成为科创企业之间实现科技创新保护与竞争攻防战的重要手段。例如,在2018年美国地方法院处理的知识产权案件中,高科技产业(包含生物医药)的诉讼案占总量的72%。随着中国企业科技含量的提高,知识产权诉讼也将成为科创企业的常态化竞争手段。科创企业既要未雨绸缪地发现和管控自身的知识产权风险,又要主动把知识产权打造成能给竞争对手致命一击的"核武器"。

因为知识产权诉讼在科创企业中的重要性,并且诉讼涉及知识产权价值矩阵的四类价值,既能带来直接经济收入,也能威慑竞争对手,还能建立影响力,因此我们把这一部分的运营单独进行介绍。

5.6.1 企业的主动诉讼策略

企业主动发起的知识产权诉讼一般有四种主要场景和策略:一是通过诉讼阻止其他公司的侵权行为;二是通过诉讼收取专利授权使用费;三是阻碍潜在竞争对手推进研发;四是与竞争对手开展市场竞争。其中,第一种和第二种应用场景较为传统,是在专利的法律权益受到侵犯时,维护自身权益的直接应用;第三种及第四种策略则是更加积极的商业化策略,将专利诉讼作为竞争的商业武器,通过打击对手的技术从而打击对手声誉或抢占市场份额,这一类诉讼的目的不仅仅是为了维护自身的知识产权权利，更主要在于迫使竞争对手退缩或彻底退出市场，从而达到市场保护或独占、干扰对手市场化进度、在市场博弈中为自己增加谈判资本，以及获取丰厚的赔偿金等目的。进攻型的专利诉讼相比较防御型诉讼，更容易为企业带来直接的经济效益和专有的商业优势。目前，中国企业在开展诉讼中更聚焦于最直接的维权场景，根据智慧芽的调查报告，第一种第二种的维权诉讼占比达到67.4%。此外，进攻型的市场竞争策略也得到较为广泛的应用，占比达到59%。智慧芽的最新调研数据显示，企业在知识产权诉讼中更加关注维权，通过诉讼打击侵权的比列从2022年的67%上升至82%。

随着企业不断发展壮大，处于竞争关系的企业之间发生专利侵权诉讼终难避免。仅依靠前置风险规避是不够的，提前制定诉讼相关策略、做好诉讼相关准备工作（如尽早收集主要竞争对手核心专利的证据），应该是每位企业知识产权管理者的重要课题。尤其是对于发展较成熟的科创企业而言，每件核心专利背后的原创技术都是公司最核心的资产，都关联着巨大的商业竞争力。知识产权带来的任何风险都会对企业的经营和竞争带来深远的影响。因此，企业需要格外重视专利诉讼这一强大武器的杀伤力。

微案例　晶丰明源IPO诉讼之危机

上海晶丰明源半导体股份有限公司创立于2008年，其主营业务涉及电源管理驱动类芯片设计、研发与销售。晶丰明源于2019年10月登录科创板，但在2019年7月22日被竞争对手矽力杰半导体技术（杭州）有限公司起诉专利侵权，上交所次日取消了晶丰明源的上市审核会。晶丰明源当时非常被动，但是通过与审核委员会的充分沟通，实际控制人在最终版招股书中承诺"将承担判决结果确定的赔偿金或诉讼费用，及因诉讼案件导致的公司生产、经营损失"，晶丰明源的IPO才涉险过关。这是第一起在科创板IPO过程中因为侵权诉讼遭遇竞争对手狙击的案例。

有趣的是9个月后，2020年5月，晶丰明源起诉即将申报科创板的深圳必易微电子股份有限公司专利侵权。必易微的招股书把晶丰明源列为第一竞争对手，两者的技术路线有重叠。2020年10月，晶丰明源主动撤诉，晶丰明源和必易微达成和解。晶丰明源的举措一时让外界摸不着头脑，针对竞争对手的狙击战打得很好，为什么最后自己撤诉了？

细心的人发现，晶丰明源 2020 年 10 月撤诉，2020 年 9 月美凯山河突击入股必易微，而美凯山河合伙人中就包括晶丰明源！晶丰明源是否借助专利诉讼让必易微在上市前出让股份不得而知，但通过这种方式入股竞争对手，通过竞争对手的 IPO 分享上市红利，这也的确算是知识产权运营的一种创意手法了。

2021 年 9 月 16 日，科创板上市委员会公布必易微"符合发行条件、上市条件和信息披露要求"；2022 年 5 月 13 日，必易微公告将于 3 天后开启其科创板上市的网上路演。

我们不去评判晶丰明源在此案例中的对与错，但可以清晰地看到在 IPO 等敏感阶段，企业选择把主动诉讼作为限制竞争对手、巩固自身市场地位的武器时，所带来的巨大影响力。因此，当科创企业发展到一定阶段时，必须要组建一个包括企业内部相关人员和外部知识产权律师在内的核心团队，进行充分、全面的知识产权盘点、摸底或"体检"，结合自身的市场竞争优势、压制竞争对手的需求、为自身争取技术突破和融资窗口等因素，设计全面的诉讼策略。尤其是针对企业主要业务及产品中使用的核心知识产权更是如此。通过摸底发现核心无形资产中的瑕疵和问题，特别是企业的专利和专有技术等技术类资产中可能涉及的权利归属、权利形成、权利处分和流转中的瑕疵，评估由此可能产生的知识产权争议诉讼，或可以发起的知识产权诉讼。在摸底的基础上，无论是发起诉讼还是应对诉讼，科创企业都能做到有备无患。

5.6.2 企业的被动应诉策略

随着中国企业对知识产权价值多重性的了解愈发深入，知识产权侵权诉讼案件的数量在中国也呈快速上升的趋势。据最高人民法院知识产权法庭 2020 年度报告，新收案件由 2019 年的 1 945 件上升到 3 176 件，增幅达 63%。国家知识产权局发布的《2021 年中国专利调查报告》也显示，中国企业遭遇海外知识产权纠纷的比例上升较快。2021 年，中国企业遭遇海外知识产权纠纷是 2020 年的近 4 倍，其中，有 71.8% 的纠纷集中在制造业。因此，企业要尽早做好思想上、技术上和财务上的准备，当遭遇竞争对手的专利侵权诉讼时，能够遇变不惊，仔细对比自身产品与涉案专利权利要求的各个技术特征,具体分析侵权的原因、过程、程度和范围等。如果存在相关风险或已产生相关争议,应尽早、积极地与对方开展沟通与协商,争取达成和解,避免进入旷日持久且费用高昂的正式诉讼争议程序,从而把风险消除在萌芽甚至未萌状态。

微案例 光峰科技的专利攻防战[①]

光峰科技是 ALPD 激光显示技术的发明者,公司于 2019 年成功登录科创板。从 2014 年起,光峰科技就与日本卡西欧公司开始了长达 6 年的专利诉讼,其专利纠纷既有互提专利无效宣告请求,也有互诉专利侵权,一直处于胶着状态,最终于 2020 年 3 月双方达成和解。

《中国知识产权报》将光峰科技之所以能在这场诉讼中获得和解,归功于光峰科技的专利布局和诉讼策略。具体包括[②]:

产品未动,专利先行。光峰科技成立于 2006 年,数据显示,在大规模推出产品之前的 2011 年和 2012 年,其专利布局发展迅猛,专利申请量分别为 162 件和 158 件。

数量布局,质量取胜。截至 2019 年 4 月 30 日,光峰科技提交专利申请 1 480 多件,其中,发明专利申请 1 080 件,占比 72.9%,"采用具有波长转换材料的移动模板的多色照明装置"(专利号:ZL200880107739.5)和"基于荧光粉提高光转换效率的光源结构"(专利号:200810065225.X)这两项核心专利多次被卡西欧、台达电子等竞争对手提起无效宣告请求,但仍然"屹立不倒"。

积极应对,步步为营。从公告披露的信息来看,光峰科技与卡西欧涉及多起专利侵权诉讼和相关的专利无效宣告请求,专利战攻守双方都采取步步为营的方式。

有人说,不敢拿来打官司的专利不是好专利。光峰科技与卡西欧"先战后和,以战促和"的经历说明了知识产权的产生、积累、布局、进攻、防御等诸多手段的灵活运用和协调配合,终归要用于实现或服务企业的商业目的。

正如光峰科技与卡西欧的专利战所示,专利侵权被告方经常使用的应诉手段

---

① 资料来源:https://baijiahao.baidu.com/s?id=16632736416382093268&wfr=spider&for=pc.
② 陈景秋.光峰科技与卡西欧:6 年专利对垒终言和[N].中国知识产权报,2020-04-07.

是请求宣告对方专利无效。根据《专利法》规定，专利权的无效是指被授予的专利权因其不符合专利法的有关规定，而由有关单位或个人请求专利复审委员会通过行政审理程序宣告专利无效[①]。若请求宣告对方专利无效成功，那么"侵权诉讼"自然也就不复存在；若无效未成功，诉讼也能帮助企业在市场竞争中争取到额外的时间。有的时候，这种拖延战术可以"逼迫"对手让步或提出和解。同时，科创企业可以考虑用自己的专利作为筹码与对方达成交叉许可，这样双方可以相互使用对方专利，达成共赢。例如，谷歌和三星就曾于2014年针对一揽子专利签署了长达10年的交叉许可协议，为安卓操作系统的推广发挥了积极作用。最后，企业在被诉侵权时，还可以反客为主，调查对方公司是否也有侵权的行为，并将之作为商业谈判与竞争的手段。

管理赋能

科创企业追求高价值知识产权固然重要，但拥有大量的知识产权并不意味着企业一定能够从知识产权中获利。在中国科创企业的实践中，知识产权发挥的价值正从纯技术沉淀到收益、影响力、竞争力价值等进行拓展，包括作为融资渠道、构建企业声誉、提供研发情报、限制竞争对手等多元化应用价值。

把知识产权变为"知识产钱"有很多种途径。从企业自身来说，知识产权价值运营的核心是利用知识产权进行更有竞争力的新产品或新市场开发，并且在这一过程中，积极地使用知识产权的金融属性，获得企业发展过程中所需要的资金，投入研发，形成闭环。知识产权也会对企业自身的声誉、品牌带来正面影响力，吸引人才加入。对外，知识产权是企业建立外部合作生态的一个着力点，包括与产业合作伙伴联合开发新产品、开拓新市场，通过技术许可、技术转让等方式获得收益，还能用知识产权作价参股合资、进行技术咨询收费等。

总之，知识产权可以是科创企业防御的铠甲，也可以是进攻的利刃，更可以是合作的粘合剂。处于不同行业、不同发展阶段的企业需要在知识产权价值运营上有不同的侧重点，企业需要根据自身情况制定合理的战略和管理机制，才能最大化知识产权的价值，沉淀成企业的核心竞争力。

---

① 冯晓青.企业防御型专利战略研究[J].河南大学学报(社会科学报)，2007：47(05).

讨论案例

中微公司的知识产权之战[①]

科技是推动社会经济发展的关键驱动力。伴随着经济全球化格局的重构与深化，知识产权在企业参与国际竞争中的作用越来越突出。企业只有在知识产权管理中提前谋划布局，才能在遭遇非关税贸易壁垒、专利诉讼等现实时从容应对。

中微半导体设备（上海）股份有限公司（以下简称中微公司）创始人尹志尧对此深有体会。中微公司从创立之初即置身于一个规模、技术、市场、人才各方面都不对称的竞争环境之中，其成长发展史也是与国际半导体设备先行者的知识产权博弈史。幸运的是，中微公司在数轮商业秘密和专利诉讼中达成和解或胜诉。在强敌环伺的局面下，中微公司如何利用知识产权武器建立起自己的技术优势，突破市场垄断，正是本案例的关注点。

三足鼎立

中微公司是半导体行业上游的设备企业，主要产品是等离子体刻蚀机。刻蚀机是芯片制造及微观加工的重要设备之一，刻蚀机的工作原理是按光刻机刻出的电路结构，在硅片上进行微观雕刻，刻出沟槽或接触孔。2018年，中微半导体成功研制出7纳米的刻蚀机，7纳米制程相当于头发丝直径的万分之一，不断挑战人类微观加工的极限。

由于技术门槛高、资金要求高、更新迭代快，半导体设备行业参与者甚少，呈现垄断格局。等离子体刻蚀机领域的前三大巨头分别为美国应用材料（Applied Materials）公司、美国泛林（Lam Research）公司和日本东京电子（Tokyo Electron）公司。其中，泛林公司的市占率逾40%，应用材料、东京电子的市占率各占20%左右，CR3（3个企业市场集中度）达到90%以上（见附录1）。

在半导体设备行业中占据一席之地的企业，无一不是投入了巨额的研发费用、

[①] 本案例由复旦大学管理学院案例研究员张春依、于佳平根据企业调研和公开发表资料编写。案例仅作为教学和研究资料在课堂讨论中使用，不代表对本案例所含相关内容的认可，不作为原始数据的来源，也不暗示某种管理方法或策略一定有效或一定无效。

©本案例的版权归复旦大学管理学院所有，未经许可，不得以任何方式复印、抄袭、存储、传播和出售本案例的任何部分，也不得制作成其他形式的版本。如需取得使用授权，请致电021-25011399,25011388，或邮件联系：case@fdsm.fudan.edu.cn。

经历了漫长的技术积累，它们在此领域产生了数以万计的技术发明创造，形成了高价值、高壁垒的专利组合，以此保护创新和研发。虽说后来者可以站在巨人的肩上更进一步，但要避开现有的专利组合，形成自己独特的知识产权，实非易事。

后生可畏

尹志尧博士是美国硅谷的传奇人物。在创办中微公司之前，他在等离子体刻蚀设备领域已有20年工作经验，先后在泛林、应用材料负责刻蚀机的技术研发。1986年，尹博士加入泛林，开发了彩虹号电容性介质等离子体刻蚀机，开始电感性等离子体源ICP技术的开发；1991年，应用材料聘请尹博士领导等离子体刻蚀部门，尹博士在应用材料工作13年，成功地研发数款新型等离子体刻蚀机。

2004年，尹志尧博士与陈爱华、杜志游等14名半导体设备制造专家通过美国严格的审查后陆续回到国内，在上海创办中微公司，为中国半导体设备行业开山辟路。在尹博士的带领下，中微公司18年筚路蓝缕拼命追赶，在半导体设备产品开发上斩获佳绩。

截至2021年6月，中微公司在刻蚀设备、MOCVD设备两个领域的技术已达到世界先进水平，并取得不可替代的市场地位。在刻蚀设备领域，中微12英寸高端刻蚀设备已运用在国际知名客户65纳米至5纳米的芯片生产线上，小于5纳米的刻蚀设备获得行业领先客户的批量订单；在MOCVD设备领域，中微Prismo A7设备已在全球氮化镓基LED市场中占据领先地位，MOCVD设备Prismo HiT3已在行业领先客户端进行生产验证并获得重复订单。

2021年上半年，中微公司的研发投入达到2.86亿元，占营业收入的比重为21.40%，远高于半导体行业均值。截至2021年10月底，中微公司已申请1 931项专利，其中，发明专利1 664项；已获授权专利1 138项，其中，发明专利963项。2012年至今，中微公司多次获得专利、知识产权创新方面的荣誉和奖项，包括2012年上海市知识产权优势企业、2013年第十五届中国专利奖金奖、2019年上海市知识产权创新奖、2021年第22届中国专利金奖等。

知产即战略

在半导体设备企业工作二十多年，尹博士亲历过不少知识产权诉讼案件。1991年，从泛林离职加入应用材料公司时，尹志尧就被泛林以涉嫌盗用商业秘密、违反合同的诉由起诉过。尹博士在历次诉讼中从未被查出任何违规行为，始终坚持职业操守和公司规范。

中微公司建立了完善的知识产权保护体系,包括知识产权管理制度、法务及知识产权部和知识产权委员会等。知识产权委员会负责公司知识产权方面的重大事项的决策,委员们参与公司知识产权战略的规划、制定和调整,对公司知识产权管理和工作提出指导和建议。

法务及知识产权部于中微公司初创后半年设立。姜银鑫从部门创始成员成长为部门负责人、集团副总裁,法务部发展成为11人的团队,承担法律风险管理、知识产权管理和保护、知识产权风险应对、争议解决和重大法律诉讼、IPO上市、企业合规、投资并购交易、技术出口管制等职能,其中,负责知识产权相关工作的有7人。法务及知识产权部从研发支持保障部门逐渐成长为中微公司的战略部门。

法务及知识产权部的工作内容贯穿研发始终。在研发立项决策阶段,法务部进行专利调研工作,包括专利检索、专利初筛,将专利信息汇总制作成专利地图提供给研发部门;在研发计划阶段,法务部重点进行专利风险调查工作,对市场上类似产品进行必要的专利检索,总结竞争对手及业内其他公司专利申请和授权的情况,研究现有技术发展现状、竞争厂商所采用的技术路线、竞争厂商专利布局,进行协同特征对比,形成专利风险调查报告,组织与研发部门的会议讨论如何进行专利风险规避;进入开发阶段后,法务部每季度为研发人员提供专利监控报告,及时对研发成果进行评估和确认,进行可专利性分析,提供保护策略的建议,明确保护方式;研发成果完成后,产品上市前,法务部进行专利申请和布局。法务部在专利申请过程中重点对专利说明书的方案创新性和可专利性进行评审把关。

知识产权布局是市场开拓的先锋,法务部会在相关市场进行前瞻性布局,确保专利覆盖竞争对手、供应商、客户所在地。在中国首次提出合格申请后,法务及知识产权部会挑选对公司海外业务比较重要的专利及时在中国台湾地区、美国、韩国、欧洲同步申请专利①,以获得时机优势。

为了确保专利不侵犯其他主体的权益,法务部还聘请了外部专业知识产权律

---

① 根据《保护工业产权巴黎公约》《专利合作条约英文》以及我国台湾地区、美国、韩国、欧洲等地的法律规定,发明专利申请人从首次向在中国大陆提出合格申请之日起,可以在12个月内以同一发明向其他成员提出申请,而以第一次申请的日期为以后提出申请的日期,其条件是第一次申请的内容与日后向其他成员所提出的专利申请的内容必须完全相同。

师出具不侵权的律师意见,既是双重检查,也为可能出现的知识产权诉讼做好准备。当诉讼事件出现时,法务部组织内外部力量共同应对诉讼。

法务部的日常工作还包括合规管理和知识产权竞争情报监控两部分。合规管理主要指对各运营环节提出规范性要求,通过《保密协议》《员工手册》及日常培训等教育和强化员工的知识产权风险意识。知识产权竞争情报监控主要是指随时监控行业内新需求、新技术的出现,竞争对手或上下游的知识产权布局情况,以及各国知识产权法律的更新情况和知识产权司法案例。

第一战:握手言和

2007年,中微公司研制出首台CCP刻蚀设备Primo D-RIE,在当年的一个年度半导体行业盛会上正式对外宣布推出该产品,数台设备在亚洲地区芯片生产线试用,中微公司正式迈入全球顶级半导体主流设备市场。

同年10月,中微公司接到美国加州北区法院的起诉通知书,应用材料以侵犯商业秘密之名对中微公司、其关联公司和几名员工提起诉讼。对于新成立3年的中微公司而言,这是一场关乎公司生死的战斗。

美国应用材料公司声称中微公司的创始人尹志尧、副总裁陈爱华等人曾在应用材料公司担任重要职位,在中微公司成立后,将应用材料公司的机密信息使用在产品上并通过申请专利而对外公开。此次应用材料公司诉讼中涉及的两项专利,一项与尹志尧原来在应用材料从事的工作无关,另一项则是根据电磁学及中微公司推出的应用,并不构成盗用商业秘密。但对于刚刚推出新产品的中微公司来说,只有处理好这一关键诉讼,证明公司在知识产权上是清白的,才能在市场上站稳脚跟,赢得客户的信任。

中微公司聘请了美国十大专利律所之一的美富律师事务所(Morrison & Foerster),积极应对诉讼。为了自证清白,中微公司配合美国法院和原告律师的要求,在证据开示过程中,原告律师对中微公司所有相关资料和设计进行检查和分析,涉及32名员工三年间的工作文件共600多万份。

2009年5月,美国法院裁定,应用材料雇佣合同中允许其对前雇员的发明主张所有权的条款无效且不可执行。2009年8月,中微公司在美国法院提起反诉,举证应用材料的不正当合同条款以及诸多破坏中微公司合作关系的事实。同年11月,中微公司向上海市第一中级人民法院递交起诉状,起诉应用材料美国和中国公司的不正当竞争。

2010年1月,应用材料与中微公司共同宣布,双方诉讼已达成和解,并解决了所有未决争议,其中包括一项有关中微公司提交申请的某些专利族所有权的争议。双方在和解协议中同意这些专利族将由双方共同拥有,还同意在将来进行项目合作。

至此,中微公司的知识产权第一战落下帷幕。中微公司通过积极维权成功地化解了国际诉讼危机,为中微公司高端刻蚀机走向海内外市场打下坚实的基础。

第二战：积极防御

一波未平,一波又起。泛林公司于2009年1月在中国台湾地区的智慧财产法院对中微公司提起专利侵权诉讼,声称中微公司型号为Primo D-RIE的等离子刻蚀机侵害它的两项专利。

姜银鑫回忆道:"原告此次诉讼选择的时间点非常巧妙,正是中微公司准备进入亚洲最关键的台湾市场时,原告希望通过一连发起两件发明专利侵权诉讼来阻止中微公司进入中国台湾市场。"中微公司法务部立即予以回应和反击,"我们采取釜底抽薪的战术,迅速向法院递交答辩状,主张原告两个专利欠缺专利法所规定的新颖性及进步性要件,属于无效专利,同时主张中微公司的产品设计与专利不同,因而不侵权。基于中微公司向法院提交的大量的、充分的证据,主张这两个专利应当被宣布完全无效。"

回忆起这段诉讼,姜银鑫仍难掩激动和自豪。2009年6月9日,法院第一次开庭审理此案,泛林公司不得不主动要求撤销针对第一个专利的所有侵权主张和撤销针对第二个专利的一半的侵权主张。2009年9月,中国台湾智慧财产法院作出一审判决,认定泛林公司的专利无效,中微公司胜诉。之后,泛林公司上诉。最终,中微公司一审、二审、三审连胜,而且将涉诉的两项发明专利全部无效。这次应诉胜利为中微公司进入中国台湾市场扫清了障碍。

连赢五役之后,中微公司在国际半导体业界引起很大反响,姜银鑫总结道:"中微再次赢得业界认可,并且实现了以战止战,为未来的商业发展赢得和平发展的空间。"

第三战：反制对手

2017年4月,美国MOCVD厂商维易科(Veeco)在纽约东区法院发起专利侵权诉讼,起诉中微公司的关键零部件供应商西格里碳素公司专利侵权,要求禁止西格里碳素向中微公司供货,从而达到阻止中微公司MOCVD设备正常销售的目的。纽约东区法院判决支持维易科的请求,禁止西格里碳素向中微公司供货。

中微公司将诉讼转移到维易科的中国战场。2017年7月,中微公司在福建省高级人民法院起诉维易科(上海)有限公司,指控其TurboDisk EPIK700型号的MOCVD设备侵犯了中微公司的晶圆承载器同步锁定的中国专利,申请对维易科(上海)发布永久禁令并赔偿经济损失1亿元。

2018年年初,中微公司获悉,维科涉嫌侵权的设备即将从上海浦东国际机场进口,随即向上海海关提出扣留侵权嫌疑货物的申请。上海海关及时启动知识产权海关保护程序,在进口环节开展行政执法。根据权利人的申请,暂时扣押这批货值达3400万元的设备。随后,维科主动要求与中微公司和解,双方都表示愿意撤诉,中微公司与维易科、西格里碳素三方达成全球范围相互授权的和解协议。

中微漂亮地反制对手维易科的诉讼案,荣获2017年上海知识产权保护十大案例、2017年中国海关保护知识产权典型案例、2018年福建法院知识产权司法保护十大案例、2018年专利复审无效十大案件。中微连续两次入选由科睿唯安发布的《2017年中国大陆创新企业百强》《2018年中国大陆创新企业百强》,该榜单基于企业发明总量、专利授权率、全球化和影响力四个指标进行全面分析,计算整合四个指标的综合得分,遴选出中国大陆范围内最具创新实力的100家企业。

催之愈强

回顾三场知识产权之战,姜银鑫总结道:"中微公司在进军国际市场的过程中,不可避免地对其两大国际著名的竞争对手构成威胁,因而这两大对手不约而同地分别在中微公司市场开拓的关键时机发动了知识产权诉讼,希望阻挠中微公司产品进入市场。但中微公司在创业之始就深知知识产权的重要性,未雨绸缪,在面对诉讼时也积极应诉,最终使公司在诉讼中取得了较为满意的结果,为公司参与高端半导体设备市场的国际竞争扫除知识产权障碍,使公司顺利进军国际市场,并在知识产权管理方面赢得竞争对手、国际客户和半导体设备业界的尊重。"尹志尧深知正是中微"严格的知识产权管理体系,使中微十几年来在法律诉讼上一直处于不败之地"。

2021年,新冠肺炎疫情影响持续在全球蔓延,世界经济增速放缓,全球贸易争端不断,贸易保护主义抬头,全球半导体产业、LED产业及设备产业呈现震荡发展的态势。在半导体设备领域,中微公司所占的市场份额还不能与行业巨头相比,作为一家高科技企业,中微公司亟须走向国际并打开全球市场,而知识产权争端将成为竞争对手遏制中微公司实施商业计划和推动市场进程的撒手锏。中微公司早已不是初生牛犊,但仍以大无畏的精神迎接着前方的挑战。

案例思考题

1. 中微公司知识产权管理部门通过哪些方法构建知识产权的商业价值?这对公司业务发展起到了何种作用?

2. 在与竞争对手的三次诉讼中,中微公司采用了怎样的知识产权运营策略?

3. 在国际竞争的环境下,像中微公司这样的高科技企业未来可能面临哪些挑战?应如何应对?

附　　录

1. 2019年全球刻蚀设备市场竞争格局

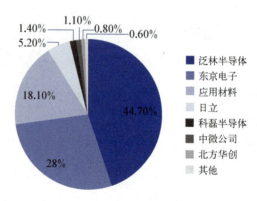

图 5-4　2019 年全球刻蚀设备市场竞争格局

资料来源:Gartner、SEMI,平安证券研究所.

2. 主要竞争对手简介(数据截至 2021 年)

应用材料公司(Applied Materials)成立于 1967 年,总部位于美国硅谷,年销售额超过 150 亿美元,年研发经费超过 15 亿美元,专利总拥有量超过 12 834 件,在 18 个国家拥有 14 000 名员工。该公司 66% 的收入来自芯片系统,主要客户为台积电、三星和英特尔,亚太地区的销售额占比为 71%。

泛林半导体(Lam Research)公司成立于 1980 年,总部位于美国加州。公司产品主要覆盖等离子刻蚀、薄膜沉积设备、清洗设备等半导体设备。年销售额超过

80亿美元，年研发经费超过10亿美元，专利总拥有量大于2 528件。在16个国家拥有6 300名员工。其最大的客户为三星和台积电，亚洲市场的销售额占比为76%。

日本东京电子(Tokyo Electron)成立于1963年，年销售额超过70亿美元，年研发经费超过8亿美元，专利总拥有量大于17 455件。

资料来源：根据公开信息整理。

3. 中微知识产权大事记

2004年，中微半导体成立，同时成立法务部，负责知识产权管理工作。

2005年，中微在等离子体处理装置、真空反应室的射频匹配耦合网络及其配置方法、真空反应室及其处理方法等技术上取得突破，向中国国家知识产权局提出专利申请。

2007年，中微2005年申请的专利陆续获得批准，推出首台CCP刻蚀设备Primo D-RIE。

知识产权第一战(中微 VS 美国应用材料)

2007年10月，美国应用材料在美国加州北区法院起诉，称中微侵犯其商业秘密。

2009年，中微在美国法院提起反诉，举证应用材料的不正当合同条款以及诸多破坏中微合作关系的事实。

2009年5月，美国法院裁定，应用材料雇佣合同中允许其对前雇员的发明主张所有权的条款无效且不可执行。

2009年12月，中微向上海市第一中级人民法院递交起诉状，起诉应用材料公司和中国应材的不正当竞争。

2010年1月，美国应用材料与中微半导体设备共同宣布，两公司之间的诉讼已全部达成和解。

知识产权第二战(中微 VS 泛林)

2009年1月，中微半导体进军中国台湾市场，泛林公司提起诉讼，称中微侵犯其专利。中微作出没有侵权的辩护，并提出泛林的其中一项专利TW126873无效。

2009年6月，泛林撤回中微对TW126873的诉讼，继续指控中微对其专利TW136707侵权。

2009年9月，法院采纳了中微的意见，驳回了泛林的诉讼。但泛林不服判决，继续上诉。

2010年12月，中微向上海市第一中级人民法院提起诉讼，主张泛林侵犯中微的商业秘密。

2011年1月，中国台湾智慧财产法院再次驳回泛林的诉讼，认定TW126873专利无效，泛林再次上诉。

2011年12月，中国台湾智慧财产法院驳回泛林的诉讼，维持了对TW126873的无效认定，泛林再次上诉。

2012年7月11日，中国台湾高等法院认同中微公司原先的主张，认定泛林专利因缺乏新颖性和创造性而无效，驳回了泛林科技提起的上诉，作出终审且不可上诉的判决。

2017年3月27日，上海市第一中级人民法院作出判决，要求泛林销毁其非法持有的照片，禁止泛林和其员工披露、使用或允许他人使用中微的技术秘密，并要求泛林赔偿中微法律费用90万元人民币。

知识产权第三战（中微 VS 维易科）

2017年4月12日，Veeco在美国纽约州法院起诉SGL专利侵权。

2017年5月3日，中微在中国对相关专利提起无效申请。

2017年7月12日，中微在中国起诉Veeco专利侵权，并主张高额侵权赔偿。

2017年8月14日，中微在韩国对相关专利提起无效宣告请求。

2017年8月21日，Veeco上海公司对中微涉诉专利提起无效宣告请求。

2017年11月2日，Veeco赢得美国法院针对SGL产品的临时禁令。

2017年11月24日，国家专利局复审委确认中微专利权有效。

2017年12月8日，中微在美国对涉诉专利提起无效申请。

2017年12月6日，中微赢得法院针对Veeco系列产品的临时禁令。

2018年1月12日，中微申请启动海关知识产权保护程序，扣押Veeco涉嫌侵权的产品。

2018年1月23日，国家专利局复审委宣告Veeco的中国相关专利全部无效。

2018年2月3日，Veeco同意与中微实质性谈和。

2018年2月6日，中微、Veeco、SGL三方共同宣布和解。

资料来源：根据公开信息整理.

第 6 章　可持续的知识产权管理体系设计

> （知识产权）不再简单地被认为是法务部门的事情。CEO必须要能够主导规划知识产权战略，以促进并最大化企业知识产权资产的价值，用来带动企业自身的成长和创新以及与其他企业的协作。
>
> ——比尔·盖茨

➡ 本章要点

- 理解首席知识产权官（CIPO）的价值和职责；
- 懂得如何打造一个优秀的知识产权管理团队；
- 懂得如何设计高效的知识产权工作流程；
- 懂得如何聘用外部知识产权机构或与它们合作。

如前所述，科创企业的竞争优势不仅来源于有形资产的价值运营，而且要依靠企业通过创造、保护和运营内外部无形资产的动态管理能力。因此，对于科创企业而言，除了加强对知识产权本身的管理，还需要打造强大且可持续的创新人才梯队和与之匹配的组织结构，才能高效地实现本书重点强调的知识产权价值实现闭环。高科技领域的投资人和媒体人埃丝特·戴森（Esther Dyson）曾经提到："拥有知识产权就像拥有一块地，你需要持续不断地在这块地上投入，才能有好的回报，而不能只是简单地坐在那里收租金。"本章将从科创企业知识产权管理的重要性、知识产权管理角色的升级、知识产权团队的打造、知识产权工作流程以及与外部机构的合作这五个方面，分别介绍相关的内容，以帮助企业形成可持续的知识产权管理体系。

6.1 科创企业知识产权管理的重要性

正如本书开篇所述,尽管很多公司已经开始意识到知识产权的重要性,但在行动上依然相对滞后,常常沦为"事后诸葛"——当公司因知识产权蒙受巨大损失后,才真正后悔没有更早地把知识产权战略上升到企业战略的层面上。这种现象无关公司的大小、行业或属性。随着越来越多的公司逐渐转变为技术密集的知识型企业,行业里越来越多的领军者,如 IBM、华为、高通、三星、索尼、微软、谷歌等,都开始制定并严格执行知识产权战略,有时甚至细分到专利战略等。欧盟知识产权局(EUIPO)与欧洲专利局(EPO)在 2020 年做过一个关于知识产权与企业绩效关系的调研,调查样本来自 28 个欧盟成员国[①]的超过 12.7 万家欧洲公司,研究结果证实了知识产权所有权与经济绩效之间的正相关关系,例如,拥有知识产权的公司比没有知识产权组合的公司每名员工产生的收入高出 20%,知识产权所有者的企业员工人均收入比非所有者高 55%。在中小型企业样本中,尽管只有 9% 的企业依赖知识产权,但是这些企业的人均收入比没有知识产权组合的中小企业高 68%[②]。

因此,无论是企业自身发展的需要,还是为了跟上外部的知识产权演变趋势,技术密集型的企业应该尽早重视知识产权对培养或升级企业持续创新能力的关键作用。一些科创企业的管理者认为只有大企业才需要保护知识产权,这项工作不适合中小企业。因为知识产权战略涉及知识产权的保护、运营、商业化等,往往成本高、周期长,管理者想当然地认为以生存和发展为上的中小型企业不需要把主要精力与相应资源放在知识产权布局方面,但这样的想法在科技行业并不适用。事实上,很多科技型中小企业往往起源于某个技术创新点,之后再依靠持续创新,由点及面地拓展业务。因此,对其创新的保护和运营其实是中小型科创企业的"命根子"。可惜的是,根据上文提到的调查,在收集到的样本中,在规模较大的企业中,

---

[①] 注:彼时的调查仍将英国囊括在内。
[②] Joint EUIPO/EPO IP Contribution Report[EB/OL]. https://euipo.europa.eu/ohimportal/en/news/-/action/view/8510485,2022-8-28.

拥有专利、商标、著作权等其中一种知识产权的比例占60%，而这个比例在小企业中仅有9%，知识产权管理的差距令人震惊！中小企业如果想要"弯道超车"，在与大企业的同台竞争中获得优势，管理和利用好自己的知识产权是不二选择。

同时，一个企业拥有大量高质量、高价值的知识产权并不意味着该企业一定能够从知识产权中获利。如何战略性地应用知识产权，对于科创企业也是一个新的挑战。两位管理学界的学者阿卜杜拉赫曼·阿里和大卫·提斯（Abdulrahman Y. Al-Ali and David Teece）把新经济下知识产权战略管理的复杂性归于五个维度：第一，如何将专利、商标、版权、技术秘密等不同类型的知识产权综合使用；第二，由于企业更多使用外包和开放式创新，知识产权的权属和保护变得更加难以把握；第三，知识产权的商业价值不再只限于企业开发自身产品，还可以通过授权、转让等形式变现；第四，企业的"专属策略"不只限于知识产权，还涉及不同知识的特性以及相关的辅助资源；第五，研发决策不再只是为技术发明提供资金，而是比以往任何时候都更关心基于该技术的商业模式是否可以走通整个流程，是否可以最终实现盈利。

因此，对于技术密集型的高科技企业而言，不仅要追求知识产权的数量和质量，还要有一个整体的、集成式的知识产权管理战略，才能将知识产权融入企业战略中，并充分地实现知识产权带来的价值。对此，无论是商学教育还是法学教育均持有相同的观点，即一个最优的知识产权战略应该与企业战略、技术趋势是相适配的，具有高度的连贯性和一致性，从而达到帮助企业建立市场竞争优势的目的。本书按照主流的知识产权管理战略定义，将企业知识产权战略归纳为：

> 企业整体性地计划、管理和运营知识产权，把知识产权战略与商业战略、技术战略等相结合，为企业带来直接或间接利润的行为。亦即，将知识产权作为企业的一种经营性资源融入企业发展的各个环节，从产品研发、制造、营销到市场竞争、财务管理以及投融资等。

正如图6-1所示，知识产权管理战略想要通过知识产权的管理助力科创企业的可持续发展，科创企业管理人员在应对外部环境挑战的过程中，除了要制定相应的商业战略和技术战略，还要把知识产权战略也融入其中，作为企业整体战略的重要一环。当然，这一"铁三角"模式一定要有相应的人才和团队作为支撑，公司的资源配置和组织结构也需要随之作出相应的调整。

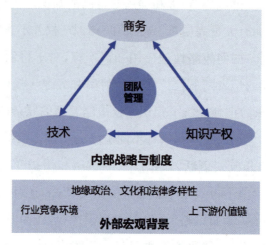

图 6-1　企业知识产权战略在企业整体战略中的角色示意

资料来源：作者自制.

6.2　知识产权管理角色的升级

许多科创企业创始人或 CEO 都是优秀的技术研发人员"转行"而来，这些优秀的科学家在自己擅长的技术领域里如鱼得水，游刃有余。然而，当科创企业依靠自己的科技成果来开发产品、拓展市场、实现业务的增长时，企业管理者的根本任务变成了如何确保其科技成果商业价值的最大化，也因此对管理者提出了新的挑战。科技成果是科创企业的命脉，知识产权的保护和运营直接关系到企业的兴衰成败，为此，新一代科创企业的管理者要及时升级，提升自己在知识产权管理过程中的责任与价值。

6.2.1　CEO 的管理角色

科创企业的 CEO 们对研发的投入很少纠结，但是他们当中的不少人仍然对知识产权的投入和重视存有疑虑。智慧芽的一项对超过400家企业的调查报告指出，受访企业中仅有16.5%的企业CEO认为企业确实"非常有意愿"增加对知识产权的投入；多数CEO听取知识产权汇报的频率在每月1次或每季度1次。令人吃惊的是，甚至有7.3%的企业从未有过面向CEO的知识产权汇报。在"专利工作中最需要优化的关键资源"的回答中，有41.1%的企业选择了需要更多来自公司高管的重视。据智慧芽2023年的数据显示，在CEO听取专利工作汇报的频率较高的企业中，知识产权工作人员对专利工作未来的价值认可度更高。每周向CEO报告或更频繁的企业，这一认可率达到了90%以上；而那些从不向CEO直接报告的企业，知识产权负责人对知识产权工作未来的价值认可率仅有70%。种种数据表明，急需提高CEO对知识产权管理的认知和能力的科创企业不在少数。

如前文所述，科创企业的研发成果经保护转化而成为知识产权，而知识产权作为无形资产的最重要组成部分，常常没有充分反映在企业的资产负债表上，这就要求科创企业的CEO特别留心对知识产权资产的管理。如果CEO对知识产权管理不善，则意味着对研发成果管理的不善和浪费。同时，当企业因为不重视知识产权管理而导致估值过低、融资受阻、收益不足等，CEO都应负有不可推卸的责任。

企业的CEO不必是知识产权的业务专家，但是应该充分了解知识产权的多重价值，以及实现这些价值的最佳实践，这样他们就能在正确的时机向正确的人问正确的问题。科创企业的CEO和最高管理层特别需要在以下三个方面引领知识产权的管理。

(1) 自身认知的提升。前文介绍了知识产权创造中的技术性、转化和运营中的经济性和法律性，并且强调了知识产权可以从多方位给企业带来巨大的商业价值。作为企业CEO和最高管理层，通过把本书描述的科技成果价值实现闭环和知识产权价值矩阵融会贯通，可以使自己对知识产权的认知从单维提升到多维，从而在行动上由被动应付转为主动规划。

(2) 企业的最高管理者应该明确知识产权在企业中的重要性，并推进相应的流程和制度的制定。如果没有最高层的支持，单纯依靠知识产权部门发声，是无法形成"知识产权是科创企业的立身之本"这一共识的，更不用谈具体实施的效果了。知识产权价值文化的建设需要建立在各个部门共同的价值目标上，形成一个全员重视、全员参与的企业文化，这也是新时代科创企业最高管理层的责任。同时，清晰的责任分配、适配的激励机制和具有团队精神的部门主管的挑选，都是摆在最高管理层为实现知识产权价值最大化所需要面对的课题。

（3）企业最高管理层对知识产权管理要有动态思维。知识产权价值矩阵所描述的知识产权多重价值不一定同时在一家企业展现出来，企业不同的发展阶段要有不同的知识产权战略和重点，这些战略和重点又会受到诸如地缘政治、行业竞争激烈度、企业对上下游合作伙伴的掌控度等外部因素，以及企业可支配资源、市场拓展计划、人才培养等内部因素的影响。在飞速变化的科创领域，昨天的成功经验也许是明天发展的障碍。

6.2.2 企业知识产权管理的新角色：首席知识产权官

当前，技术革新的速度比过去任何时代都要快，因此，科创企业对研发有着极高的重视度，会不惜重金并给予首席技术官（CTO）充分的自主权和资源支持，使其有效地把握技术发展的总体方向，并配合公司的业务目标来监督和管理研发的全过程。在智慧芽于2022年5月发布的一项对超过400家企业有关知识产权的调查中，42%的知识产权部门隶属于研发部门，其负责人直接向研发负责人汇报。

然而，知识产权价值矩阵阐述了知识产权的多重价值，如果把知识产权部门的汇报关系局限于研发部门，尽管会对科技成果的专利申请、产品侵权规避、行业新技术走向等与研发紧密相关的工作提供了便利和支持，但在如何发挥知识产权对于企业的其他战略价值上却受到了限制。例如，我们很难想象隶属于研发部门的知识产权人会主动关心利用专利授权或转让为公司带来超额收益，对他人侵权发动进攻型诉讼，更不用提把知识产权用于对供应链的掌控和质押融资等战略举措了。因此，如果说技术是科创企业的底层核心竞争力，知识产权则是将这种底层核心竞争力价值最大化的最关键途径之一，两者是创造保护和实现的关系。

除了知识产权部门隶属于研发，另一个常见的组织结构是知识产权部门隶属于法务。此时，知识产权部门通常从事的是被动的、任务式工作，比如申请、注册和维护公司的专利（具体数量很可能是最高管理层每年年初"拍脑袋"下达的目标）、商标、著作权；与员工和第三方签订保密协议；制定内部安全措施来保护商业秘密等。一般来说，法务部门更多考虑合规和风控，对知识产权给企业带来的"增值"效应认识不够,知识产权的价值多重性也会因此大打折扣。

上述把知识产权部门归于研发或法务的企业,多基于把知识产权作为法律上的排他权利的认知,而不是把知识产权作为资产的认知。当知识产权进化到一种资产类型时,知识产权部门的职能开始由简单的成本中心向利润中心或商务拓展中心转化,知识产权部门与其他部门的交流合作就跨越了单独的研发或法务,而向战略规划、业务拓展与合作、人力资源管理、公司融资与并购、政府关系等方向不断扩展。因此,科创企业应思考是否需要提升知识产权管理团队在企业组织架构上的层级,并形成企业管理的新角色——首席知识产权官(Chief Intellectual Property Officer,CIPO)。具体来说,CIPO 的职责有:

(1) 理解企业战略与公司知识产权或者知识创新战略之间的关系,明确作为"桥梁"的建造者。

(2) 配合公司总体战略,制定自洽的知识产权战略方向。每个企业的发展阶段不一样,公司结构不一样,面临的内外部挑战和商业目的也是不一样的。因此,采用进攻型、防御型、合作型或任意一种组合型的知识产权策略都应服务于公司总体的商业战略。

(3) 及时主动地向董事会和 CEO 汇报知识产权工作。尽管科创企业愈发重视知识产权工作,但是对于企业的最高决策层来说,他们的时间有限,对知识产权的理解也有待提升。因长期不在业务和产品的第一线,很多董事会成员甚至 CEO 对于知识产权的理解仅仅停留在专利数量等基本概念上。因此,CIPO 需要以提升企业最高层对知识产权的认知为己任。

(4) 对知识产权的相关业务工作负有直接管理责任。带领团队做好知识产权的主动赋能和跨部门协作,从而促进"高价值"知识产权的形成。更具体地说,CIPO 需要带领团队,与研发部门紧密协作,做好最佳技术路线的规划,以确保科技成果的保护和未来价值实现的可能。同时,CIPO 还应该高度关注知识产权的商业化推进。

事实上,越来越多的科技企业已经设立了 CIPO 这个职位,包括 SAP、耐克、赛灵思(Xilinx)、恩智浦(NXP)、泛林(Lam Research)、爱立信、飞利浦、沃尔沃、3M、霍尼韦尔 PMT(Honeywell PMT)、Quest Diagnostics、Kiniksa Pharmaceuticals、Sarepta Therapeutics 等企业都是由 CIPO 统筹知识产权工作;Oppo、东旭集团、

TCL、视涯技术等中国企业也快速跟进,正式任命了CIPO。

相比"成熟企业",快速成长的科创企业在知识产权管理方面也许暂时资源不够丰富,利用知识产权可撬动的价值维度也相对较少,但是越来越多的科创企业CEO不仅了解知识产权对科技成果的保护,也了解对企业商业模式、未来成长的意义。同时,这些科创企业没有僵化的官僚管理架构,更容易在企业发展的进程中从一开始就朝着设立CIPO的方向推进知识产权管理。在实际操作中,初创企业可以考虑把相关职能外包给一位知识产权专家,而这位专家实际上可以担任多家公司的CIPO。在美国,他们被非正式地称为兼职CIPO(Fractional CIPO)。

曾经担任飞利浦CIPO的布莱恩·欣曼(Brian Hinman)说:"知识产权战略是所有业务的整体战略计划中不可或缺的组成部分,在实施这些知识产权战略时,我的团队会仔细分析每个业务部门的需求,并确保各种IP类型的最佳组合,以最大限度地为企业提供IP保护。我领导下的知识产权与标准部门采用集中管理的组织结构,以确保决策制定和IP战略执行的速度……(我的部门)要负责所有有关IP的工作,从IP创造到为我们的业务提供具体技术和产品的FTO(Freedom-to-operate/自由实施)分析,再到通过把IP授权给第三方来增加我们研发投入的收益。当我们把IP当作资产来看的时候,我们就要在知识产权失去其市场价值之前,找到所有机会,来授权或转让知识产权,抑或剥离出新的业务(来实现知识产权的价值最大化)。"

从知识产权价值矩阵可以清楚地看到,知识产权涉及企业中几乎所有部门和业务种类,这种跨部门、跨业务的特征给CIPO们提出了很高的要求。因此,要成为真正称职的CIPO,特别需要注意培养以下三种能力:

(1) CIPO要有宽阔的视野。CIPO不仅是知识产权的专家,也要深谙企业的商务战略和技术战略。CIPO要有很强的学习能力,能从部门内看到部门外,从行业内看到行业外,从国内看到海外。例如,绿叶制药集团的知识产权副总裁孙丽芳很早就留意其他行业的最佳实践,把华为、中兴等在知识产权保护和运营方面的先进经验引入绿叶制药。同时,她积极参与行业中的相关国际会议和活动,引入国际人才,为绿叶制药的产品出海、海外并购等战略举措作出了巨大贡献。

(2) CIPO应该是一个优秀的"宣传员"。CIPO不仅要帮助大多数企业高管提升对知识产权重要性的认知,营造并推广"知识产权是科创企业立身之本"的文化,还需要不遗余力地培养自身部门员工的能力,鼓励他们"走出去",在全公司为知识产权发声。

(3) CIPO 要有极强的沟通能力和亲和力。由于知识产权的价值实现有其跨部门的特性,CIPO 必须和其他部门协调好关系,明确职责分工,让大家真心觉得知识产权能给自己带来实实在在的价值而不是干扰,这样才能实现知识产权的价值最大化。例如,CIPO 可以基于知识产权作为无形资产的价值评估,与 CMO 合作制定产品营销策略,与 CFO 合作根据知识产权授权、转让和质押等活动做好企业对未来的财务预期等。

科创的大势给中国的 CIPO 们提供了前所未有的机遇,同时也提出了巨大的挑战。只有当越来越多的 CIPO 同 CEO、CFO、CTO、COO、CMO、CSO 和 CHRO 走进同一间会议室的时候,企业的知识产权战略才会与其商业战略和技术战略产生更好的融合,知识产权也才能真正成为科创企业的可持续核心竞争力。

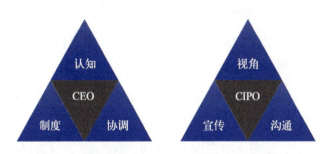

图 6-2　CEO 与 CIPO 管理角色

资料来源:作者自制.

6.3　知识产权团队的打造

从管理学的视角来看,组织是指经过不同的分工与合作,由不同的权利和责任人共同构成。这也就意味着,组织的管理首先要有目标,其次要有明确的分工与合作,最后还要有不同的结构形式,知识产权的管理也不例外。科创企业发展到一定规模时,需要专业分工,建立一个高效的知识产权管理团队,从组织机制的角度保证知识产权资产的科学管理。

6.3.1 企业组织结构及知识产权部门的管理机制

随着现代企业管理理论与实践的发展,企业内部的组织结构也出现了多样性的特征。如前所述,大多数企业的知识产权部门隶属于研发或法务,这是因为涉及知识产权的"初级价值"多与产品开发和信息保护相关。然而,正如我们从知识产权价值矩阵看到的,知识产权的业务现在已经不仅仅局限于辅助性,更多的是与企业的商业竞争和价值实现高度相关。因此,知识产权部门在组织结构上的设置也应有所改变。

纵览科创企业的组织结构,有学者将知识产权管理的组织形式主要分为集中管理式、研发行列式和事业部分散式。

(1) 集中管理式。主要是指知识产权部直接归属于公司的最高决策层,由公司总部负责知识产权的总体规划和管理。集中管理的优势在于一致性高、执行力强。企业的战略制定在公司的最高决策层,当知识产权工作由最高层直接决策时,可以实现知识产权战略和商业战略的高度统一。这种形式多见于跨国企业和大型集团公司。但是,当权力过于高度集中时,必不可少地会带来一定程度的组织僵化,总部需要根据下属企业的特性下放相关责任。

(2) 研发行列式。是指由研发部下设知识产权团队。这种结构的优势是可以将知识产权团队成员与研发人员更好地融合,提高内部沟通的效率。但下属于研发部的知识产权人并不一定对企业的商业战略有更深层次的认识,因此,无法保证企业知识产权商业价值的最大化。

(3) 事业部分散式。是指各个事业部下设各自的知识产权部,总公司设有知识产权总部。这种组织结构一方面可以充分利用各事业部在行业细分领域的专业知识,在权力自主的情况下提高工作效率;另一方面可以由总部承担复杂程度较高的知识产权事务,并协调各事业部分享最优实践。例如,围绕某个事业部负责的特定产品的专利检索、申请、布局等,可以由事业部的知识产权团队完成,专利的诉讼、交易、质押等工作则是由知识产权总部统一管理。本章末案例中所描述的绿叶制药就在所属各子公司安排了专业的知识产权负责人员。除了集团核心部门所负责的整体知识产权战略制定、战略管理、重大商务谈判和诉讼之外,子公司部门和人员要跟踪所辖范围的产品专利申请及项目支持等具体工作,并通过密集的周报、月报和工作总结制度,与总部协同作战,构成有机的整体。

以上三种知识产权的管理模式各有利弊。科创企业可以结合自身特点和发展阶段选择合适的组织结构。无论选择哪种结构,都要把握基本原则:实现"动态自洽性",在特定的时间点、适合企业自身的知识产权管理模式才是最优选择。随着企业规模的扩大,设置独立的知识产权部一定要提到CEO和董事会的日程上来,因为知识产权部的存在是CIPO最好的帮手,也是知识产权战略的最佳执行者。

6.3.2　培养知识产权业务合作伙伴

企业的知识产权管理涉及研发、法律、商业等多个学科的理论和实践。那么,什么样的员工是科创企业知识产权部的最佳人选呢?不同于市场部专注于公司产品营销,法务部专注于法律诉讼和合规,研发部专注于技术研发和产品开发,知识产权部的职能在这些部门业务职能上重点要求"融合",即科技成果、法律和商业的融合。因此,优秀的知识产权人才应具备相应的跨学科的技能和知识储备。很多企业将知识产权归属于法务部,负责知识产权的专员多为法律背景,他们尽管熟知法律条文,然而对于技术理解并不深入,在实际的工作过程中可能会导致专利申请不当或者知识产权资源管理的浪费。如果由研发人员来担任知识产权专员,法律和商业知识的缺乏也会造成技术成果转化的浪费。可喜的是,越来越多的企业开始培养复合型知识产权人才,对于一些特殊需求(如海外专利布局和知识产权诉讼)也会从外部引进资深专业人才。就像越来越常见的职场职位人力资源业务合作伙伴(HRBP)那样,越来越多知识产权部的成员被称为知识产权业务合作伙伴(IPBP)。例如,绿叶制药要求其知识产权团队成员首先具有技术背景,之后再去接受法律相关的培训——这样他们能和研发走得更近,也更容易得到对方的尊重。同时,知识产权团队成员需要深入理解公司的业务重点和未来发展方向,英语能力强也是一个加分项。

优秀的知识产权伙伴都知道自己并非扮演简单和被动的辅助型角色,而是应该为企业主动赋能,否则,企业永远无法挖掘知识产权的多重价值。智慧芽2022年5月发布的报告显示,在受访的400多家企业中,70%的企业认为当前在知识产权方面亟须解决的问题是建立更专业的知识产权人才梯队。此外,国家知识产权局于 2022 年 1 月 7 日,印发《知识产权人才"十四五"规划》,提出知识产权人才是发展知识产权事业的第一资源,是知识产权高质量发展的先决条件,是知识产权强国建设的战略支撑。按照《规划》目标,到 2025 年,知识产权人才队伍规模超过 100 万人,高层次人才队伍进一步壮大,人才结构进一步优化,人才效能持续增强。

无论顺应国家政策趋势还是从企业自身竞争需要出发,科创企业的最高管理层都应该加大、加快对知识产权专业人才培养的投入,提前打造好一支优秀的团队,确保知识产权成为企业最强劲的核心竞争力之一。

设计合理的 IPBP 与研发团队的合作机制,可以帮助企业高效率、高质量地创造知识产权。例如,是一位 IPBP 对应一条产品线,还是 IPBP 矩阵式交叉服务不同的产品线,企业需要根据自身情况作出适当的调整。

微案例 奥动知识产权团队及其合作模式的变迁

奥动自 2016 年 6 月成立时同步设立了知识产权专利组,归属法务部,最早只有 3 个人。2018 年,知识产权专利组从法务部下属板块升格为独立的二级部门,在组织关系上,法务、知识产权和审计三个部门隶属位居一级部门的风控中心。2020 年,知识产权专利组由 3 人扩大到 6 人,从风控中心独立出来,升格为一级独立部门,直接向 CEO 汇报。奥动知识产权负责人林彦之解释,公司风控中心的定位是把控风险,法务部的合同和诉讼工作占比较大的工作量,包括内部审计和合同审计、财务审计,也都和风控相关。知识产权部虽然也包含风控的板块,但现阶段还是以保护为主,董事长、联席董事长和 CEO 都非常关心这块工作,最终决定独立出来。2021 年,知识产权部人员再次翻番,由 6 人扩大到 12 人。

由于知识产权部门员工的背景各有不同,有的来自律师事务所,有的来自企业法务,有的是审查员出身,他们对专利管理的思考都不一样。林彦之介绍,这 12 人的团队,除了他和一个流程管理的同事外,其余 10 人都全部深入研发项目去跟进专利挖掘,旨在了解研发是怎样思考的,专利又是如何产出的。10 个知识产权同事各自负责不同的技术分支,如换电站、锁止、解锁、换电设备等。实行了一段时间后,林彦之发现,人少的话分工有优势,每个人对某项技术非常熟悉,也知道竞争对手的技术发展到了什么阶段,最终成为一到两个技术分支的专家。但问题是,每个项目牵涉的技术需求和工作量不同,有些项目的技术还保持完全不变,这就造成每个人的工作量不平衡。随着项目越来越多,如主机厂的合作项目、奥动自研的项目、从乘用车到商用车的新项目等,会加剧这种工作的不平衡。

为此,林彦之尝试采用平行分组的方式,每五人一组,分成两组,每组设组长一名。由于已经历半年左右时间熟悉公司的技术流程,大部分成员都能很快进入角色。林彦之发现,这样的分组有利于细化前期的审核工作,确保每个技术分支都有2—3个员工掌握要领,又能培养人才梯队。但前提是分组需要均衡,比如每个组都配备了审查员,都有机械、电子等背景的成员,这种技术全面性的特点保证了组内能够基本应对各类项目。

6.4 设计高效的知识产权工作流程

研发是一个动态的过程,如何高效地管理新技术开发及保护开发成果就成了管理者的一个挑战。当知识产权的多重价值得到了CEO的重视,企业引入了CIPO,设立了独立的知识产权部,引进了优秀的IPBP,技术成果的知识产权固化工作还需要另外一种重要的保障——高效的工作流程。

许多公司的研发都采用了基于IPD(集成产品开发)、PLM(产品生命周期管理)或项目管理的电子化流程。然而,相当一部分企业的知识产权工作还停留在依靠纸质文件、私下沟通、简单的办公软件等初级手段上。这种现象不仅无法支撑系统性的跨部门工作流程,而且大大降低了工作效率,甚至可能造成知识产权管理上的重大失误。因此,对于科技企业来说,一套高效的流程制度和IT系统是完善知识产权管理的必备条件。

为此,企业可以通过设立专利委员会或类似的知识产权委员会来进行知识产权重大决策的评估。当IPBP或一线研发人员发起专利申请时,通过层级审批来保证最终输出的是高质量、高价值的专利。如有必要,决策流程中可以引入市场部、战略部、财务部等相关部门,来确保知识产权的商业价值最大化。

同时,企业可以在适当时机引入知识产权管理系统(IP Management System,IPMS)来支持知识产权的审批、信息排查、情报管理、专利审查等流程的规范化,进一步提升知识产权日常工作的效率。事实上,全球知识产权管理系统的市场已经非常成熟,规模在 2020 年就已经达到 63.9 亿美元①。同时,人工智能、区块链等新一代信息技术也被及时运用到知识产权管理中,更好地实现知识产权的溯源和确权。这些现象都从不同侧面反映了企业知识产权管理的工作流程已经慢慢规范化,科创企业完全可以在适时引入这些外部规范的体系来提升自身的知识产权管理能力。

当然,科创企业在初创时期资源有限,可能无法承担一个成规模的知识产权团队或知识产权管理系统,但是企业最高管理者一定要了解知识产权战略的基本思路(如本书提出的科技成果价值实现闭环和知识产权价值矩阵),即使不像专业人士那样熟知相关操作细节,也能够从大局出发,指明知识产权的工作重点,聚集内外部相关人才,提出正确的问题并判断实施的效果,从而把知识产权战略管理的总指挥权紧紧地掌握在自己的手中。

微案例　达闼科技的知识产权内部审核流程

研发上的突破在科创企业中随时都可能发生,那么,如何高效地管理这些科技成果并及时而有效地将其保护起来,固化为企业的知识产权呢?达闼科技认为有效的流程制度起到了重要作用。

有效的流程制度是指专利申请的电子化流程。当研发团队取得新的研发进展时,知识产权业务合作伙伴(IPBP)会收到第一手消息,并主动去和研发人员沟通是否存在可专利点。如果存在,研发人员会负责完善技术交底书,然后在系统内提交申请。申请流程会转至知识产权负责人处进行统一审核协调,主要是在可专利性上的评估和判断。同时,这项申请会流转至由公司的资深技术专家组成的专家评审委员会。专家评审委员会从技术的角度来审核这项技术是否具有专利价值,批准之后,就会正式启动专利申请流程。这样的电子化流程可以"确保制度执行、流程闭环"②。

那么,究竟如何判断这项专利是否具有可专利性呢?董事长黄晓庆是这样告诉研发和知识产权部门的:"单个专利可能没什么大价值,但是不代表这个专利没有用,我们判断一个新的发明或技术是否具有可专利性是看它与主业的相关性,该发明与

---

① Mordor Intelligence, IP Management Software Market Size, Share, Trends (2022-27), https://www.mordorintelligence.com/industry-reports/intellectual-property-management-software-market.
② 聆听创新发展之声[N].中国知识产权报, https://www.cnipa.gov.cn/art/2021/4/25/art_55_158758.html,2021-4-25.

公司其他发明是否可以形成专利群优势。"例如,在区块链领域,随着专利数量越来越多和涉及领域越来越广,达闼科技逐渐形成一个以区块链为中心的专利族群。因此,每当研发出新的技术时,如何判断是否进行专利申请则是判断该项技术是否成为该专利族群的一环。2021年,达闼科技在区块链领域已经拥有4—5个专利族群。

除去常规的专利申请审核流程,黄晓庆还要求在每个预算周期召开内部会议,讨论知识产权部门的预算与专利数量之间的匹配。一旦预算审批通过,股东和管理团队需要作出相应的承诺并进行严格执行。因此,达闼科技在知识产权方面的KPI覆盖公司的各个层级。

为了更好地保证知识产权运营工作落地,达闼内部先后定下数十项规章制度,覆盖了各部门的职责分工、专利评审流程、专利的奖励和涉外专利的评审等。

6.5 外部知识产权机构的聘用与合作

如前所述,许多中小型科创企业在成长的初期不具备建立完整的知识产权部门的资源,这时,企业可以选择聘用外部知识产权服务机构从事诸如专利撰写和申请、FTO分析、侵权诉讼等工作。对于拥有内部知识产权部的企业来说,同样可以依靠购买外部服务,形成与内部知识产权团队的互补。外部知识产权代理机构的主要业务有:

(1) 知识产权的诉讼业务,包含知识产权权属纠纷业务、侵权诉讼业务、知识产权不正当竞争业务、知识产权合同纠纷业务等。

(2) 知识产权专利代理业务,主要包含三种专利的申请业务。

(3) 商标代理服务,主要是指商标申请相关事宜。

(4) 知识产权信息服务,主要从事专利、商标、版权和商业秘密的信息检索、评议、文献翻译、数据库检索和数据加工、知识产权信息化管理服务等。

(5) 知识产权运营服务,主要指从事专利和商标的运营工作,如知识产权许可转让业务、知识产权估值、知识产权投资入股等。

当企业与外部团队合作时,需要建立一套评判机制来确保知识产权工作的高质量完成度。在实际工作中,仍然有一部分企业对于外部知识产权服务机构的工作过于放心,甘愿充当"甩手掌柜"的角色,这是不合适的。一方面,外部团队虽然拥有专业能力,但往往对企业特有的技术成果、知识产权战略、业务方向等缺乏了解,没有内外双方充分的沟通和对外部团队的定期审核,企业将很难实现自身知识产权的战略价值;另一方面,即使最顶尖的外部团队也有疏忽的时候。例如,2018年10月,德国著名化工企业巴斯夫(BASF)就把其知识产权服务机构 Carpmaels & Ransforld 告上法庭,索赔10.5亿英镑(约合12亿美元)的损失,其中的原因"简单"得令人难以置信——Carpmaels & Ransforld 这家具有200多年知识产权服务历史的金牌老店"不小心",没有按时提交对巴斯夫关于柴油引擎排放处理的欧洲1 663 458专利无效的上诉,使该专利被无效成功。虽然最后双方和解,Carpmaels & Ransforld 只付给巴斯夫1英镑的赔偿,但它也因此失去了巴斯夫这个多年的大客户。

因此,科创企业在选择外部知识产权服务机构时,特别需要注意以下三点:

(1) 明确目的。企业管理层要问自己:我们希望外部知识产权服务机构具体给我们带来什么样的价值?是内部人手不够需要暂时补充,还是企业内部缺少相关专业能力(如海外市场拓展的FTO分析、专利转让评估、复杂诉讼案件受理等)?只有明确需求,并制定相应的审核标准和流程,才能使购买外部知识产权服务达到"物有所值"。

(2) 选择适配的服务机构,而不是"贪便宜"。知识产权是企业科技成果的保护与价值实现的关键手段,知识产权服务机构数量众多,质量参差不齐,如果没有处理好知识产权的相关保护和运营事宜,那就等于把科技成果直接拱手让人。因此,在选取外部知识产权服务机构时,特别要审核其行业和业务经验,从长远合作的角度出发,紧密合作,共同实现企业的知识产权总体规划。

(3) 明确外部服务机构的具体合作成员。有些服务机构的名气很大,合伙人的能力也很强,但是涉及企业具体的工作却是由从未谋面的"代理人"完成。这里并不是说所有工作都需要外部机构的资深成员完成,但是企业一定要明确什么工作由什么样的人完成,做到心里有数,才能保证知识产权的工作质量和效率。

管理赋能

知识产权的价值不会自动实现,知识产权的价值实现有赖于科创企业对知识产权管理重要性的认知以及高管层面对知识产权的重视,同时更依赖于有效的知识产权管理团队的打造与相应产权流程的设计。从企业内部来看,知识产权管理涉及企业的全链条,需要设立专门的知识产权部门,负责专利写作、奖励制度建立和执行、利益分配、后续价值延伸等工作,当然也离不开外部知识产权专家的配合。

当然更多企业尚处于起步阶段,资金和人力资源都有限,未必能从一开始就建立起完整的知识产权管理制度。科创企业在初创阶段可以先聘请一个有行业经验的兼职顾问,找到适合的外部人员完成相关的知识产权工作。我们期望不管科创企业处于哪个发展阶段,都能认识到一个可持续的知识产权管理体系应该具备哪些要素,并通过逐渐的完善趋近于这一管理体系。

讨论案例

紫光展锐的知识产权管理[①]

杨洁静是集成电路设计企业紫光展锐的法务和知识产权工作负责人,她已经在这里工作了十多年。2022年7月,紫光展锐申报的"子带配置的指示方法及装置、子带接入方法及装置"荣获中国专利最高荣誉——第二十三届中国专利奖金奖。这是紫光展锐第三次入围中国专利奖并获得重要奖项。杨洁静在欣喜之余,也一直在思考如何可以更进一步,为公司创造更大的价值。

紫光展锐

紫光展锐是由展讯和锐迪科两家公司合并而来。展讯成立于2001年,业务重点是智能手机、功能手机等无线通信芯片平台的开发,与高通、联发科并称为全球移动通信芯片设计TOP 3[②]。锐迪科成立于2004年,专注于功率放大器、收发器、射频前端等产品的研发和销售。2018年,紫光集团对外发布公告宣布两家公司正式完成整合[③]。

[①] 本案例由复旦大学管理学院案例研究员王玉洁根据企业调研和公开发表资料编写。案例仅作为教学和研究资料在课堂讨论中使用,不代表对本案例所含相关内容的认可,不作为原始数据的来源,也不暗示某种管理方法或策略一定有效或一定无效。
ⓒ本案例的版权归属复旦大学管理学院所有,未经许可,不得以任何方式复印、抄袭、存储、传播和出售本案例的任何部分,也不得制作成其他形式的版本。如需取得使用授权,请致电 021-25011399,25011388,或邮件联系:case@fdsm.fudan.edu.cn。

[②] 展讯做强智能终端芯片,拉近与高通联发科距离.电子产品世界网站,http://www.eepw.com.cn/article/283794.htm,2022-05-30.

[③] 紫光旗下展讯和锐迪科正式完成整合.第一财经,https://baijiahao.baidu.com/s?id=15900873180795590 82&wfr=spider&for=pc,2022-05-30.

2019年,中国开始启动5G商业化,各部门不断推进5G相关基础设施建设。同时,5G芯片的需求不断攀升。据前瞻研究院的数据显示,2019年全球5G芯片市场规模达10.3亿美元[1]。面对不断增长的需求,紫光展锐作为集成电路设计产业的龙头企业也早已将5G的研发作为最重要项目之一。为了满足不同产品的研发需求,公司形成消费电子和工业电子两大事业部:前者主要服务于个人的智能化需要,业务涉及5G智能终端、智能手机、智能穿戴等领域;后者主要是支撑工业体系和社会智能化,业务涉及局域物联网、广域物联网、汽车电子、智能显示及行业方案等。

集成电路产业链涉及的核心环节有芯片设计、芯片制造、封装测试及整机厂商(参照附录1)。以华为海思、紫光展锐等为代表的芯片设计公司按照客户需求设计芯片,然后交由晶圆代工厂制造,之后送往IC封装厂测试。从集成电路领域的专利布局对比来看,设计环节产生的专利数量最为集中。中国半导体行业协会公布的数据显示,1985—2018年,设计环节累计公开专利数共计20余万件,制造环节的专利约10万件,封装测试环节的专利数量约4万件[2]。2018年度十大集成电路设计企业中,紫光展锐的专利数排名第一,1985—2018年,累计2 426件。2020年年底,紫光展锐在中国集成电路设计十大企业中专利累计总数仍排名第一,共计4 036件(中国区域)。另外,公司的技术在国际市场上已具备一定的竞争力,其美国专利数量从2018年的272件增长至385件[3]。

专利数量的攀升只是知识产权工作的业绩之一,杨洁静带领的知识产权部更主要的工作是配合公司战略和业务需要,为公司创造价值。因此,杨洁静也一直在升级知识产权管理工作。

知识产权部的管理升级
战略定位

紫光展锐的知识产权部设立于2008年(展讯时期)。此后,公司的组织结构经历了多次调整。经过最新一次的调整,知识产权部所属的法务部升至一级部门,下

---

[1] 前瞻产业研究院.2020年5G芯片行业研究报告[R]. https://bg.qianzhan.com/report/detail/2008271046277868.html,2020-08-27.
[2] 上海硅知识产权交易中心,中国半导体行业协会知识产权工作部.中国集成电路产业知识产权年度报告(2018版)[EB/OL]. https://view.inews.qq.com,2018.3.
[3] 上海硅知识产权交易中心,中国半导体行业协会知识产权工作部.中国集成电路产业知识产权年度报告(2020版)[EB/OL]. https://view.inews.qq.com/k/20210331A012SK00?web_channel=wap&openApp=false,2020-3.

设法律支持部、争议解决和公司治理部、合规部和知识产权部。法务部部长由杨洁静担任，直接向CEO汇报。法务部升为一级部门后，团队里的"老员工"明显感觉到这两年公司管理层对知识产权部倾注了更多资源和关注，团队能与最高管理层直接对话的机会越来越多。此外，CEO牵头成立知识产权决策委员会，该委员会是公司最高知识产权决策机构。

早期的知识产权部主要做一些类似专利核稿等基础性工作，后来也开始做一些专利检索、专利挖掘、专利布局等支持性工作。伴随着公司业务的发展，知识产权团队也在不断扩大。为了更好地支持各部门工作，杨洁静在招聘时会考虑不同背景的候选人。目前知识产权部共有12人，其中，具有技术型背景的有6人，具有法律背景的有3人，具有管理背景的有3人。团队里拥有10年以上工作经验的人数占比约33%，有4—8年工作经验的占52%，有1—3年工作经验的占15%。

紫光展锐的最高管理层认为："高科技企业要尊重国际通行的商业规划和监管秩序，要注重保护知识产权，并通过构筑知识产权体系等方式来保护技术创新和技术储备。"在一次战略会议上，管理层再次向杨洁静强调，知识产权是商业竞争的战略资源，是企业发展和国际化的生命线，是高科技企业的立足之本，她的团队身负重任。紫光展锐倡导"志高行远，创造价值"的价值观。面对高层对部门的期望，杨洁静将这八字文化理念融入日常工作。每月的部级例会和每周的各团队例会上，杨洁静都会要求团队成员进行自我"拷问"："我这周做了什么？今天我有价值吗？"

杨洁静认为，知识产权不仅是为了保护公司的技术成果，更要看它是否促进了公司的业务，为公司增加价值。作为知识产权的负责人，杨洁静不仅仅要主导知识产权专业方面的业务，更需要考虑的是知识产权背后的进阶价值，即通过知识产权的工作促进公司的业务增长。

支持研发，保护技术

为了优化研发流程和提升研发管理的质量和效率，公司引进了一些先进的研发管理方式。集成产品开发（Integrated Product Development，IPD）便是紫光展锐引入的重要管理体系之一。当公司引入IPD流程后，杨洁静立刻调整部门工作方案，将知识产权工作嵌入IPD流程中，围绕IPD流程的6个阶段，知识产权部应该在每个阶段为研发提供相应的支持，尽最大努力做到用"业务语言支持业务"（参见附录2):在产品的概念阶段,团队要帮助梳理专利信息,明确技术路线;在研发项目的开发阶段前期,知识产权部要帮助研发进行专利挖掘和布局;IPD流程中的后半程,TR4是集成测试评审点;TR5是样机评审点;在TR5之后,产品的样品将交付给用户进行测试,这一阶段产品中包含的某些技术可能会被公开,影响到后续的专利申请。为了尽可能地避免后续的隐患,当产品被研发出来但还未交付时,杨洁静会带领知识产权部的同事梳理和核查产品中所有技术创新点是否均进行了专利保护。如果产品上市后,涉及的技术创新点还未做专利保护,这可能会导致该技术无法获取专利保护,因为产品公开已经影响了专利的新颖性。这势必会对公司的科技创新造成重大影响。

由于研发和知识产权两个部门员工的专业背景有着明显差异,在实际工作中难免会有争论和意见不统一的时候。研发部有一次对知识产权部的同事说:"你的技术交底书把我的创新都写没了,这种'法言法语'我们看不懂。"类似的争论越来越多。一开始,杨洁静的处理方式是让团队用自己的专业能力说服研发部的同事,后来发现这不仅仅是内部单向用功的问题。为了"调和"这些差异,也为了更好地与研发部同事做好协同,杨洁静设计了一系列的跨部门交流活动(参见附录3)。知识产权部每个月和每个季度都会主动与研发部开沟通会,交流当前阶段的业务进展和产品开发进度。此外,知识产权部也会在新人培训会上向研发新人普及知识产权的基础知识,定期向包含研发部在内的公司核心部门提供关于合规、技术秘密保护、知识产权价值等方面的讲座。

杨洁静经常对团队同事们说:"没有问题的时候要沟通,有问题的时候更要沟通。我们双方应对专利的价值有共同的认知。通过流程和制度,可以加强研发同事对专利价值的切身感受。在技术方面,研发同事是我们的老师,要多去和研发同事学习技术。当我们去排查专利风险或进行专利维权的时候离不开研发同事的帮助。闲暇之余,我们的同事要与研发的同事多交流和多沟通。"

协同商务,保持竞争

杨洁静不仅长期负责公司内部的知识产权工作,还经常代表公司参加各种行业论坛与同行交流经验。每次对外交流结束,杨洁静都会感觉到行业内对知识产权的重视已经上升到前所未有的高度。科技类企业不仅提升了专利申请的数量,企业间也常把知识产权诉讼作为竞争手段之一。2018年,人民法院新收知识产权民事、行政和刑事案件数量达到 334 951 件,较 2017 年增加 97 709 件[①]。2020 年,全国各级法院受理的各类知识产权案件增至 46.7 万件。常见的诉讼主要涉及专利、商标、著作权、商业秘密、集成电路布图设计等多种权利形式的保护以及不正当竞争[②]。

随着知识产权工作的深入,杨洁静也逐渐意识到保证知识产权工作的专业性只是最基本的工作。当公司形成了一系列的专利组合,接下来要考虑的便是如何实现知识产权的商业价值,即如何通过知识产权保护、运用和管理,使公司能够保持竞争优势。

用好专利的前提是了解公司的业务重点和未来方向。杨洁静要求知识产权团队必须与商务团队保持紧密沟通。销售人员长期处于行业的一线,对行业有着敏锐的嗅觉。商务团队在开拓市场时会进行详细的竞争环境分析,包括当前的竞争格局、竞争区域、产品特性、客户群体、客户深度需求分析等。当获取了这些商务视角或者产品视角的深度分析之后,杨洁静便会召集团队根据相关的竞争维度作出专利风险研判并制定相应的对策。当某产品要计划在选定的国家上市时,团队的专利布防便会向该区域倾斜。这是知识产权和商务在知识产权申请和布局工作上的"前端"协同。

除此之外,双方的"后端"协同体现在知识产权维权工作。基于定期的市场及产品等情报监控和分析,知识产权部会发现一些潜在的第三方侵权行为。当遇到此类情况时,杨洁静要求知识产权团队考虑的不能只有侵权事实,还要对齐商务,了解维权行为是否有助于公司战略和业务,再作出是否进行维权的决策。在与商务对齐的过程中,商务部门可以为知识产权的维权行为提供情报信息,如对方的人员情况、产品情况、销售情况、市场情况、竞争关系、研发实力等信息,协助知识产权部门在维权行动中做好全盘考虑。

高价值专利体系

杨洁静刚刚负责知识产权工作时,公司内部没有太多可参照的工作手册和既

---

① 人民法院报,最高人民法院知识产权案件年度报告(2018)摘要[EB/OL]. http://ip.people.com.cn/n1/2019/0425/c179663-31049664.html,2022-05-30.

② 最高人民法院关于人民法院知识产权审判工作情况的报告[EB/OL]. http://www.npc.gov.cn/npc/c30834/202110/2adb18d160c945e989bc20df3641cffc.shtml,2022-05-30.

往案例资料。随着工作年数的增长,杨洁静积攒了厚厚的工作笔记和丰富的工作经验。眼看着公司的业务越来越多元,杨洁静开始思考如何优化知识产权管理工作以产出更多的价值。她梳理了过去的工作经历,整理出部门工作要遵循的三个原则:"马背原则""二八原则"和"前瞻原则"。

"马背原则"指的是知识产权部团队应具有大局观。在其他相关部门尤其是商务部门向前冲的时候,知识产权部应该像缰绳般帮助他们把控方向。有了整体布局,还得考虑如何应用在实际工作中。"二八原则"指的是把公司资源用在最重要的事情上。技术公司的竞争根本是研发成果,因此,知识产权部的工作重点就是研发成果的保护。然而,无论从财力、人力、物力上来说,现阶段的紫光展锐都还没有达到随意调用的程度。因此,为了保证最后产出的是"高价值"专利,杨洁静要求知识产权部对专利技术提案进行分级管理,针对不同层级的技术提案和创新,投入不同的资源和精力。基于"应用"和"可诉"两个维度,杨洁静把公司的专利划分为A、B、C三个等级,A代表最高级。根据与各部门沟通尤其是研发和商务部门,知识产权团队会优先保护与公司业务高度相关的"高价值"科技成果,这样便会形成一套"量身定制"的高价值专利组合。"二八原则"还体现在知识产权部的工作习惯上。杨洁静要求团队每个人都能基于事件的紧急程度和对公司的影响程度,判断好工作重点和事务优先级。"前瞻原则"指知识产权部基于当前已知信息的充分研究,预判未来的发展趋势,做好风险应对。

三个原则融入实际的工作中便形成了紫光展锐的专利管理体系(参见附录4)。高价值专利管理体系还明确了不同阶段的相应责任人,以贯穿整个专利生命周期。提案环节的责任者是研发部,评审环节的责任者是评审委员会,申请、OA和授权阶段则由知识产权部的不同专利工程师负责。换句话说,研发同事确保专利文本对技术描述的准确性,知识产权同事从知识产权和法律的角度对专利文本进行二次审阅,双方权责明确,各司其职,互相尊重,从而实现专利文本布局的最优化。

除了分级管理和明确权责,杨洁静还加强了知识产权在公司内外的宣传。杨洁静带领部门多次组织与知识产权相关的评奖活动。2022年4月,知识产权部门组织"创新梦之队"评选活动,从专利申请高产量、专利聚焦高价值、知识产权高意识和技术硬核高水平四方面,评选出公司级别的"技术硬核高知团队",为公司知识产权创新与保护打造标杆示范。在知识产权部门组织的所有活动中,公司内参与热情最高的是公司级别的"专利大比武"活动(详见附录5),这项活动的主要目的是奖励产出高价值专利的研发同事。

杨洁静还积极推动公司参与各专利大奖评选和行业标准的研讨与制定。截至2022年7月,公司相继荣获第二十三届中国专利奖金奖、第二十一届中国专利奖银奖、第二十二届中国专利奖优秀奖、第二届上海知识产权创新奖(运用类)、天津市专利奖金奖、第八届广东省专利奖银奖、深圳市专利奖等多个高级别奖项[①]。每次传来知识产权领域获奖的消息,公司都会进行大力宣传。在杨洁静看来,公司这样的做法不仅是对自己工作的肯定,更是潜移默化地培育知识产权创新文化。2020年年底,紫光展锐顺利通过《企业知识产权管理规范》(GB/T29490-2013)的认证评审,获得《知识产权管理体系认证证书》,这标志着公司知识产权管理已经获得国家级标准认可。

挑战

截至2022年上半年,紫光展锐拥有超5 000名员工,其中有90%是研发人员。紫光展锐已与全球128个国家的上百家运营商实现了网络验证,拥有包括荣耀、三星在内的多家品牌客户。公司已累计申请专利近10 000项,其中包括多项4G、5G的核心专利。

这些年来,知识产权部越来越受到最高管理层的关注,杨洁静也逐渐将知识产权工作从被动支持转向主动赋能。每次召开战略解码会议前,杨洁静会要求团队去找研发部门和业务部门做深度调研,询问他们的年度目标,再从这些目标中梳理出哪些与法务和知识产权有关系。杨洁静将之称为"对齐目标"。在梳理过程中,知识产权部会根据实际情况对研发部、市场部、销售部等业务部门提出具体需求,就此进一步沟通并共同确定最终目标。每次与其他部门开访谈会前,杨洁静也会叮嘱团队:"咱们跟别的部门的KPI考核可能不同、业务重点也不同,大家在沟通的时候要学会掌握方式方法。此外,我们不是做保姆,对方提的所有要求我们要经过评估后才能给予承诺。不能对方说什么,你就答应下来。我们要做法务和知识产权团队擅长的事情,'越俎代庖'并不见得是好事,也不是我们的目标。协同一致,

---

① 资料来源:紫光展锐公司官网.

保护好公司的知识产权、给公司的业务带来价值，才是我们共同的最终目标。"

作为公司知识产权部的第一负责人，杨洁静知道仅靠现在的做法是远远不够的："要想更上一层楼，跨部门协同是第一个要面对的问题。第二个问题就是，知识产权部如何在当前的工作基础上更好地服务公司战略，创造更大价值。但'罗马毕竟不是一天建成的'，部门间协同性的提高不是几场活动就能解决的，知识产权工作升级也不是一次就能完成的。随着公司发展得越来越好，知识产权管理的未来仍有很多问题需要解决。"

2022年8月，董事长吴胜武在对外演讲中表示，公司已经在5G的基础软硬件、射频、系统集成等八大核心技术领域完成了技术积累，未来还将继续加大5G的研发投入。知识产权工作与公司的技术研发和市场业务高度相关，这也意味着杨洁静在未来将会面临更多的挑战。

案例思考题

1. 紫光展锐知识产权部业务导向的定位是如何实现的？
2. 知识产权和研发部门之间的协同可能出现哪些挑战？如何克服这些挑战？

附　录

1. 集成电路产业链

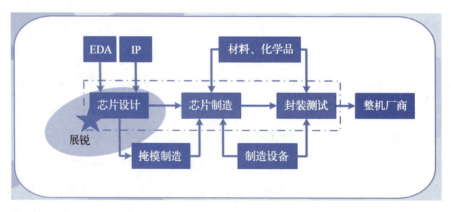

图6-3　集成电路产业链

资料来源：公司调研整理。

2. 紫光展锐的 IPD 流程与知识产权管理相结合

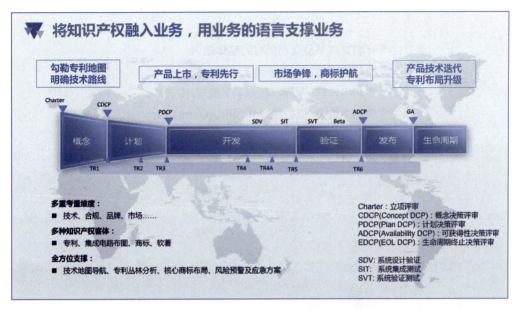

图 6-4　紫光展锐的 IPD 流程与知识产权管理相结合

资料来源：公司调研整理.

3. 知识产权部培训会文件展示（部分）

a. 知识产权部"商业属性"培训会 PPT 展示

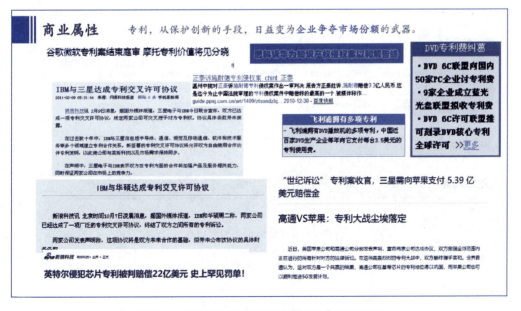

图 6-5　知识产权部"商业属性"培训会 PPT 展示

b. 培训会文件展示（部分）

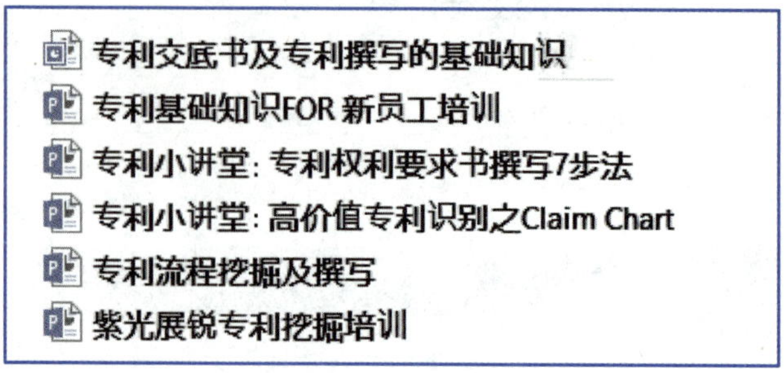

专利交底书及专利撰写的基础知识
专利基础知识FOR新员工培训
专利小讲堂：专利权利要求书撰写7步法
专利小讲堂：高价值专利识别之Claim Chart
专利流程挖掘及撰写
紫光展锐专利挖掘培训

图 6-6　培训会文件展示（部分）

资料来源：公司调研整理.

4. 紫光展锐的专利管理体系

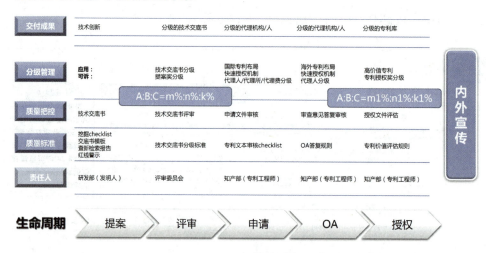

图 6-7　紫光展锐的专利管理体系

资料来源：公司调研整理.

5. 专利相关活动宣传展示（部分展示）

a. "专利比武"活动

图 6-8 "专利比武"活动

b. "知识产权月系列"活动海报

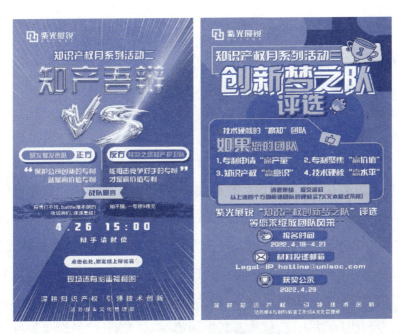

图 6-9 "知识产权月系列"活动海报

第 7 章 攀登知识产权的价值阶梯

> 进入新发展阶段,推动高质量发展是保持经济持续健康发展的必然要求,创新是引领发展的第一动力,知识产权作为国家发展战略性资源和国际竞争力核心要素的作用更加凸显。
>
> ——《知识产权强国建设纲要(2021—2035 年)》

➡ 本章要点

- 阐释新时代知识产权管理的重点和方向;
- 提出科创企业知识产权管理的进阶路径;
- 懂得如何进行全球知识产权产业链的布局。

相比西方国家数百年的知识产权历史,中国建立现代知识产权制度的经历是短暂的。以专利法为例,中国现代专利法的建立比英国晚了 361 年,比美国晚了近 200 年,比日本也晚了 99 年(图 7-1)。然而,中国知识产权法律法规从无到有、从粗放到精细、从外部压力到内需驱动,在改革开放的短短四十余年中,发生了翻天覆地的变化。1984 年 3 月 12 日,第六届全国人民代表大会常务委员会第四次会议正式通过《专利法》立法决议,标志着新中国第一部《专利法》的诞生。过去数十年的实践早已证明,没有知识产权制度,创新也许不会消失,但是知识产权制度的发展和完善对创新的速度、规模和质量,都起到了不可估量的正向作用。

1980 年,中国加入世界知识产权组织。2019 年,国内(不含港澳台)有效发明专利拥有量达到 186.2 万件。2020 年,世界领先的 5 000 个品牌中,中国占 408 个。

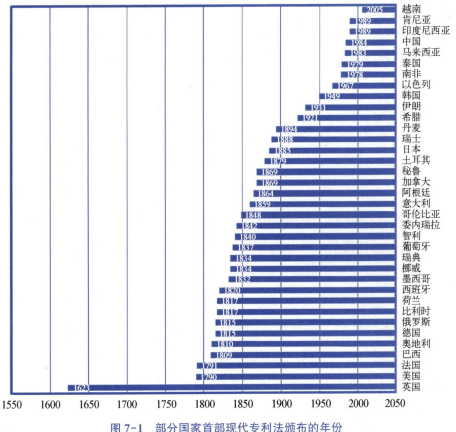

图 7-1　部分国家首部现代专利法颁布的年份

2022 年 4 月,国家知识产权局公布 2021 年全年共授权发明专利 69.6 万件,每万人口高价值发明专利拥有量达到 7.5 件,中国通过 PCT(《专利合作条约》)提交的国际专利申请达 6.95 万件,连续第三年居全球首位。同时,世界知识产权组织发布的《2021 年全球创新指数报告》中,中国排名居全球第 12 位,连续 9 年稳步提升[①]。这些数字都表明了中国已经成为名副其实的知识产权大国。

当然,人们应当清醒地看到,当今地缘政治使经济全球化受到了巨大挑战,新一轮科技革命和产业变革急剧加速,全球化竞争日趋激烈,这些因素都造成了知识产权保护和运营的复杂度增加、全球化企业诉讼压力加剧等现实,也对中国的知识产权管理提出了更高的要求。2021 年 9 月颁布的《知识产权强国建设纲要(2021—2035 年)》(以下简称《纲要》)奏响了中国向着知识产权强国进军的最强音,表明中

---

① 国家知识产权局:超 4 成企业有效发明专利已实现产业化。

国决心要从知识产权高速增长阶段转向高质量发展的阶段。作为中国企业的一分子,科创企业也非常有必要理解国家在新时代知识产权管理方面的重点与方向,升级知识产权管理体系并从更宏观的视角来优化企业的全球知识产权布局。

7.1 新时代知识产权管理的重点与方向

2021年10月9日,国务院印发的《"十四五"国家知识产权保护和运用规划》(以下简称《规划》)明确提出了知识产权保护迈上新台阶、知识产权运用取得新成效、知识产权服务达到新水平、知识产权国际合作取得新突破四个主要目标,设立了每万人口高价值发明专利拥有量达到12件、海外发明专利授权量达到9万件、知识产权质押融资登记金额达到3 200亿元、知识产权使用费年进出口总额达到3 500亿元、专利密集型产业增加值占GDP的比重达到13%、版权产业增加值占GDP的比重达到7.5%、知识产权保护社会满意度达到82分、知识产权民事一审案件服判息诉率达到85%八个主要预期性指标。《规划》突出了通过坚持质量优先、强化保护、开放合作、系统协同等举措,努力完成2025年知识产权强国建设的阶段性目标。

在国家层面,《规划》提出了大力推进完善知识产权法律政策体系,优化知识产权转移转化体制机制,构建便民利民知识产权服务体系,加强知识产权保护国际合作,推进知识产权人才和文化建设五大任务。把这些任务转化到企业层面,我们认为以下四个重点将是每一个科创企业知识产权管理升级的新命题。

7.1.1 努力实现知识产权创造由量到质的转变

众所周知,中国自颁布首部《专利法》,特别是加入WTO以来,知识产权的申请和授权数量都呈现了爆发性增长。以2019年专利申请数量为例(图7-2),中国国家知识产权局收到的申请是位列第二的美国专利商标局(USPTO)收到申请的2倍以上,是位列第三的日本专利局收到申请的4倍以上,这与中国越来越重视知识产权保护,以及从国家到地方相继出台的奖励和税收优惠政策有着紧密的关系。

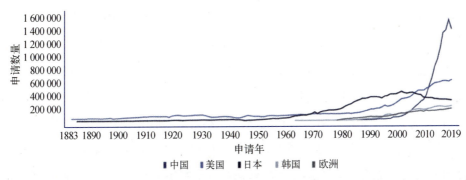

图 7-2　世界五大知识产权/专利局的专利申请数量

资料来源：世界知识产权组织 WIPO 2020.

但是，随着中国经济进入高质量发展阶段，完善国家发展的独立性、自主性和安全性，实现核心技术领域的突破性创新，形成国际竞争新优势等战略性需求凸显，促使国家知识产权战略需要由重"量"转变为重"质"。

衡量知识产权质量的一个关键指标是每万人口高价值发明专利拥有量。2015年底，中国每万人口高价值发明专利拥有量是 3.9 件；截至 2020 年年底，该指标提高到 6.3 件，实现了在"十三五"期间约 10% 的年增长率。但是即使如此，中国每万人口高价值发明专利拥有量依然远落后于西方发达国家。2020 年，美国每万人口高价值发明专利拥有量是中国的 7.1 倍，日本是中国的 19.3 倍。这也是为什么《规划》提出到 2025 年年底，要把中国每万人口高价值发明专利拥有量提高到 12 件，力争实现 13.8% 的年增长率。中国自 1978 年改革开放以来的四十余年，GDP 呈高速增长，但其中也只有 4 年的年增速超过 13.8%（分别是 1984 年的 15.2%、1992 年的 14.2%、1993 年的 14.0% 和 2007 年的 14.2%），可见国家对科创"质"量提升的决心。

随着国家对知识产权由"量"到"质"的转变，单纯与专利申请数量挂钩的奖励措施也被摒弃，科创企业应当审时度势，尽快制订与高质量专利申请相匹配的知识产权规划。

7.1.2　积极利用知识产权强保护的有利环境扩大竞争优势

知识产权侵权易、维权难的现象是阻止企业技术创新的障碍，也是国家知识产权强国战略的绊脚石。2021年6月正式施行的新《专利法》给权利人更大的选择权，提高了法定赔偿额，增加了惩罚性赔偿，减轻了权利人举证的难度。

事实上，知识产权司法保护力度在2021年已经呈明显加大的趋势。人民法院新收一审、二审、申请再审等各类知识产权案件642 968件，审结601 544件，比2020年分别上升22.33%和14.71%。针对"举证难、赔偿低、成本高、周期长"等问题，人民法院依照新《专利法》《著作权法》等积极适用证据妨碍排除、证据保全等，减轻权利人举证负担；通过适用惩罚性赔偿等，不断提高赔偿数额，2021年在895件案件中对侵权人判处了惩罚性赔偿；通过适用小额诉讼程序、普通程序独任制、二审独任制等制度和"先行判决＋临时禁令"等裁判方式，努力缩短审理周期。国家知识产权局发布的《2021年中国专利调查报告》显示，中国企业遭遇专利侵权后采取维权措施的比例为76.4%，较上年提高2.5个百分点，企业专利权人应对专利侵权更加主动。报告还显示，在专利侵权诉讼案件中，法院判定赔偿、诉讼调解或庭审和解金额在100万元以上的比例达16.3%，比上年高9.0个百分点，这样也表明国内知识产权侵权违法成本正不断提高。

最高人民法院加大对知识产权刑事案件的指导工作，民事、行政和刑事"三合一"改革稳步推进，知识产权刑事司法在知识产权保护中的重要作用日益凸显。目前，以最高人民法院知识产权法庭为牵引，北京、上海、广州和海南自由贸易港知识产权法院为示范，杭州、北京和广州互联网法院为新平台，地方法院知识产权法庭为重点，地方法院知识产权审判部门为支撑的专业化审判格局已经基本建成，知识产权专业化审判能力显著提高①。

这些变化显示了国家对知识产权"强保护"的决心，也有利于企业保护创新成果，并利用对高质量知识产权维权来打击竞争对手，实现知识产权的多重价值，赢得更大的商业成功。

7.1.3 仔细分析国际环境并有计划地实施全球知识产权布局

如果科创企业创造了高价值专利，却只用于国内市场，那么很可能没有实现该

---

① 刘婧.最高法启动第14次"知识产权宣传周"活动 为知识产权强国建设提供有力司法服务和保障[EB/OL].人民法院新闻传媒总社，2022-04-21.

专利的价值最大化。要改变这一现象,是《规划》把海外发明专利授权量达到9万件作为重要指标的原因之一。

一方面,国家坚持改革开放,深入推进知识产权国际合作;另一方面,由于中国科创企业对海外知识产权规划不足,知识产权纠纷应对能力偏弱,致使企业海外市场的开拓常常事倍功半。以2021年为例,表7-1和表7-2明确显示,虽然来自中国的实体在世界五大知识产权/专利局获得了最多的专利,但这些专利绝大部分来自中国本土的授权(占97%以上)。来自中国的实体在海外专利授权的数量实际上低于美国、日本和欧洲的实体,只略高于韩国的实体,这显然与中国的高质量发展目标极不匹配。因此,中国企业海外知识产权布局明显薄弱的状况亟须在"十四五"期间实现明显的改观,力争在全球市场更大限度地完成科技成果的价值实现。

表7-1 2021年世界五大知识产权/专利局对来自主要地区的实体的专利授权数量(单位:件)

	CNIPA 中国国家知识产权局	EPO 欧洲专利局	USPTO 美国专利商标局	JPO 日本专利局	KIPO 韩国知识产权局
美国	29 153	28 310	163 922	349	10 111
中国[注]	3 698 490	7 905	32 640	5 707	4 016
日本	36 906	15 650	47 333	139 184	12 041
韩国	11 966	5 955	21 760	677	111 875
欧洲	32 276	48 706	48 687	3 733	8 720

注:此处的数据不包含中国台湾地区。

表7-2 2021年主要地区的实体在世界五大知识产权/专利局获得专利授权的比例(单位:%)

	CNIPA 中国国家知识产权局	EPO 欧洲专利局	USPTO 美国专利商标局	JPO 日本专利局	KIPO 韩国知识产权局
美国	12.6%	12.2%	70.7%	0.2%	4.4%
中国[注]	98.7%	0.2%	0.9%	0.2%	0.1%
日本	14.7%	6.2%	18.8%	55.4%	4.8%

续 表

	CNIPA 中国国家知识产权局	EPO 欧洲专利局	USPTO 美国专利商标局	JPO 日本专利局	KIPO 韩国知识产权局
韩国	7.9%	3.9%	14.3%	0.4%	73.5%
欧洲	22.7%	34.3%	34.3%	2.6%	6.1%

注：此处的数据不包含中国台湾地区。

7.1.4 充分利用多种渠道强化自身知识产权储备

中小型科创企业长期面临研发投入大、资源有限的处境，如何创造性地拓宽获取知识产权的渠道、通过"借力"或"合力"来实现创新是保证企业持续发展的一个明智选项。《规划》突出开放合作、系统协同等举措，鼓励科创企业与高校、科研院所积极对接，充分发挥各自优势，共同打造具有韧性的知识产权供应链。

长期以来，高校和科研院所知识产权转移转化成效不高一直是困扰着中国知识产权政策制定者的难题。据国家知识产权局《2021年中国专利调查报告》，中国高校专利平均产业化率约略高于3%。截至2020年，即使是国内顶尖的高等学府，专利转化率也不足10%，远远低于诸如麻省理工学院、斯坦福大学等50%以上的专利转化率，更不用提专利转化后带来的实际经济效益了。一方面，大量中小型科创企业有引入科技成果、升级技术水平的意愿；另一方面，高校院所的大量"沉睡而有效的专利"无法对接市场，造成了大量知识产权的浪费。针对供给侧和需求侧的矛盾，财政部、国家知识产权局启动了"专利转化专项计划"。这项计划以省份为单位实施，重点开展以下三方面的工作[①]。

（1）拓宽专利技术供给渠道。激发高校院所专利转化活力，指导高校院所深化知识产权权益分配机制，挖掘质量较高、具备市场前景的专利；鼓励国有企业分享专利技术，通过先使用后缴纳许可费等方式，降低中小企业获取专利技术的门槛。

（2）推进专利供需精准对接。依托高校院所知识产权和技术转移中心、产业

---

① 国家知识产权局.关于实施专利转化专项计划助力中小企业创新发展的通知.2021-03-19.

知识产权运营中心等载体,集中发布专利技术供给信息,开展关键核心技术知识产权推广应用;以中小企业集聚区域为重点,支持服务机构帮助中小企业获取目标专利,组织高校院所、国有企业深入中小企业开展专利技术对接活动;鼓励专利权人采用或参照开放许可的方式,提前发布专利转让费用或许可费用标准、支付方式等条件。

(3) 提高中小企业专利实施能力。调整优化专利资助奖励政策,更大力度地支持中小企业专利转化运用,推动实施进入产品;有条件的地方,可以将有关中小企业纳入知识产权质押融资政策扶持范围,积极开展知识产权质押融资"入园惠企"行动,扩大知识产权质押融资覆盖的范围;在确保金融安全的基础上,充分发挥省、市现有知识产权运营基金等相关基金作用,助力中小企业专利技术产业化的实施。

类似"专利转化专项计划"的举措还有很多,并已展现出初步效果。国家知识产权局《2021 年中国专利调查报告》显示,产学研发明专利中,以高校为第一专利权人的产业化率达到 22.8%,是高校平均水平的 7 倍;以科研机构为第一专利权人的产学研发明专利产业化率为 25.8%,高于科研机构平均水平约 10 个百分点。数据还显示,产学研合作发明专利的产业化平均收益达 1 029.2 万元/件,远超企业平均水平 32.5%[①]。

科创企业可以依靠自主研发创造科技成果,也可以通过合作、授权和购买等多种方式构筑知识产权的"护城河"和"弹药库"。《规划》为科创企业知识产权的积累提供了更多选项,这也是科创企业需要引起重视的一个有利趋势。

7.2 科创企业知识产权管理的进阶路径

科创企业从初期重"量"到重"质"的转变路径,当然取决于企业知识产权意识的变化,但进阶的方法论也很重要。2011 年,美国两位知识产权专家苏珊娜·S.哈里森(Suzanne S. Harrison)和帕特里克·H.沙利文(Patrick H. Sullivan)推出了

---

① 国家知识产权局.2021 年中国专利调查报告[R].https://www.cnipa.gov.cn/module/download/down.jsp?i_ID=176539&colID=88,2022-06.

《董事会里的爱迪生》(Edison in the Boardroom)的第二版,提出了知识产权管理的"价值阶梯"或"爱迪生金字塔"模型(图7-3),可以为科创企业的知识管理进阶路径提供重要的参考。

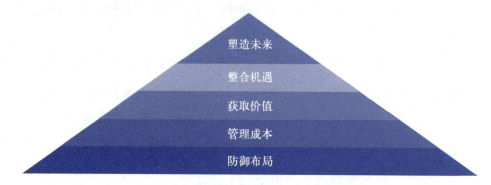

图 7-3　企业知识产权管理的价值阶梯

资料来源:[美]哈里森等著.董事会里的爱迪生(第二版)[M].何越峰译.北京:知识产权出版社,2017.

这一价值阶梯模型的底端是防御布局,这是大多企业知识产权管理的出发点,也是其他高层级的基础。随着企业业务的拓展、知识产权的积累以及企业领导层对知识产权认知的提升,企业就有可能将知识产权从单纯的法律资产(侵权风险最小化)逐渐上升为商业资产(企业价值最大化);企业对知识产权的关注点也从自我保护到主动管理知识产权的投入产出比,再到利用知识产权获取经济利益,然后是整合知识产权的多重价值为企业整体战略服务,最后是促进公司的可持续发展能力,运用知识产权预测和影响公司甚至行业的未来。

当前已经有越来越多的中国科创企业开始踏入价值阶梯这个金字塔。当然,不是每一个企业都已经进入了价值阶梯的层级,还有很多企业徘徊于这个金字塔之外,美国企业界如此,中国企业界也如此。在21世纪初中国加入WTO的大背景下,政府鼓励企业知识产权的建设,对企业申请知识产权提供了各种资助和奖励,使企业对知识产权的认知度在短时间内大幅度提升,取得了良好的社会效果。同时,由于相当一部分企业刚刚开始接触知识产权,对知识产权管理的根本目的缺乏理解,把诸如专利申请等一些知识产权管理的手段当作最终目的,误解了知识产权管理的内涵,还没能走进价值阶梯的第一层级。随着国家知识产权政策由重"量"到重"质"的转变、相关激励机制的调整和企业对知识产权管理理解的深入，企业开始注重知识产权的内生价值，开启了攀登知识产权价值阶梯的旅程。

不过，目前大多数中国科创企业处在价值阶梯的第一层级。在防御布局这个层级，企业关心的主要问题是知识产权的保护、侵权诉讼的规避以及产品设计的自由。智慧芽2022年对492家企业的调研结果显示：62.7%的受访者认为其企业知识产权工作的最关键作用是固化技术成果和防范经营风险，这个结果在本书作者走访的数十家科创企业中同样得到了验证。在这个层级，企业更加注重知识产权的法律价值（其抗侵权风险的作用）而不是其商业价值，知识产权部门很可能被研发部门或法务部门所包含、控制和管理，扮演相对被动服务的角色。在防御布局的指导下，知识产权部门应该尽早并深入地融入产品开发流程，充分挖掘研发过程中的发明点并将之转化成高质量的知识产权，根据对竞争对手的研究有规划地进行知识产权布局并储备未来可能诉讼的应诉材料（比如无效对方专利的证据）。

随着科创企业知识产权的积累，其管理成本也会快速攀升。防御布局主导的企业大多数缺少正规的成本控制措施，而以管理知识产权成本为指导方向的企业则开始意识到知识产权是一项商业投资，需要进行有计划的投资收益分析。苏珊娜·S.哈里森和帕特里克·H.沙利文的咨询实践显示，美国企业有20%—50%的专利组合是可以被淘汰的，放弃或转让这些专利能够为企业节省大笔资金甚至带来收益。同样，2019年中国有效专利许可率为6.1%，大多数专利不仅没有产生经济效益，而且继续耗费企业更多的维护费用，成了食之无味弃之可惜的鸡肋。很多企业其实也感受到了知识产权管理成本的压力，以2013—2017年这五年为例，2013年国内授予的发明专利到2017年时已有37%被放弃（不再缴纳维护费用），外观设计专利的放弃率超过90%，实用新型专利的放弃率超过60%，这与同期美国专利授权中有近86%继续支付维护费形成巨大反差。值得欣慰的是，一些国内行业领跑的科创企业已经注意到控制知识产权管理成本的重要性，并制定了一系列自洽的筛选标准来对知识产权进行分类管理。比如，紫光展锐的知识产权团队就整理出三大原则——"马背原则""二八原则""前瞻原则"。依据这三大原则，紫光展锐知识产权部门协同研发和业务部门构建了高价值专利管理体系，对专利技术提案进行A、B、C三级分级管理，针对不同层级的技术提案和创新，投入不同的资源和精力。小米专利许可和专利收购的负责人也曾明确表示,小米必须在诉讼/禁售风险与专利许可费用之间找到合适的平衡点,才能保证小米健康且可持续地发展。

知识产权价值阶梯的第三层级是获取价值。尽管人们常常提起 IBM、高通、爱立信、诺基亚、ARM、AT&T 等国际巨头通过知识产权授权为公司获取高额的现金利润,但本书第五章中描述的知识产权价值矩阵明确了知识产权的多重价值。因此,知识产权价值阶梯所指的获取价值这个层级首先就要求企业明确它期望从知识产权中获得什么样的价值并如何衡量这些价值。例如,AT&T 和飞利浦的知识产权部门不仅探讨知识产权涉及现金利益的财务问题,也研究非现金利益;对于非现金利益,则建立了简明而实用的模型来用货币方式表述产生的价值,并辅以叙述性说明。目前,中国的科创企业较少能系统性地进入获取价值这个层级(大多数美国企业同样如此),但像通信行业的华为、中兴,医药行业的百济神州、信达生物、荣昌生物等企业,其知识产权业务年收入已达到亿元级或十亿元级以上的规模;诸如奥动新能源、光峰科技等中型科创企业也开始在专利质押贷款、专利授权等方面积极尝试知识产权的变现手段。

价值阶梯的第四层级是整合机会。在这个层级的企业不仅拥有数量可观、覆盖面广、品质优良的知识产权,而且对知识产权价值矩阵所描述的多重价值及其运行机制了然于胸,企业的商业战略、研发战略和知识产权战略浑然一体。知识产权界的传奇人物、前 IBM 和微软知识产权负责人马歇尔·费尔普斯(Marshall Phelps)在 IBM 把知识产权的经济效益从 20 世纪 80 年代末的数百万美元在 10 年内提升到每年逾 10 亿美元的收入,让企业 CEO 们和华尔街从此对知识产权刮目相看。费尔普斯在 20 世纪 90 年代中期从退休状态出山加入微软时,微软只有 113 项专利,但是到 2001 年,微软的专利数量就上升到 2 000 项,是微软成立前 20 年的 18 倍。然而,费尔普斯在微软一改在 IBM 已打造成熟且让人兴奋不已的知识产权策略,完全不在意知识产权能给微软带来多少收入,而是更关心微软的知识产权是否能为其所在的行业生态和合作伙伴带来积极的影响。费尔普斯在 IBM 所采取的策略是,以当时公司极端吃紧的财务状况和坐拥大量闲置的高质量知识产权为背景;微软拥有充裕的现金流,如何缓解政府和企业界对微软一家独大的诟病,就成为费尔普斯在微软利用知识产权打造合作联盟的首要目的。这个经典整合机会的案例，充分反映了处在价值阶梯高层级的企业会根据行业环境和自身的阶段性需求，灵活运用知识产权，从而实现知识产权的价值最大化。

在中国的科创领域，也许只有像华为这样极少数企业能够在公司最高层、在整体业务范围内系统性地规划并实施知识产权战略。2022年4月，由华为创始人任正非签发的《专利许可业务汇报》会议纪要中提到："我们要建立科学合理的知识产权价值观，第一，要持续保护好研究创新成果，在全球范围内积极构建高价值专利包；第二，继续发挥专利保护公司全球业务安全的作用；第三，通过合理收费奠定华为创新者形象；第四，通过构建合作伙伴，精选专利池、专利运营公司开展合作。"从防御布局，到获取价值，再到创新形象，进一步追求合作共赢，最后实现可持续、有质量的发展，华为正在向知识产权价值阶梯的最高层努力前进。虽然绝大多数的中国科创企业没有像华为一样的资源和影响力，但完全可以由点及面地积极尝试利用知识产权整合商业机会。从紫光展锐通过主动出击的侵权诉讼而达成与友商的技术交叉合作，到科奇（见7.3节"微案例"）通过海外并购和自主创新双轮驱动不断提升自身技术水平，再到锐发打印（见本章末"讨论案例"）通过与科研院所的紧密合作来拓宽知识产权供给渠道，中国中小型科创企业同样展现了利用知识产权整合商业机会的灵活性和创造力。

知识产权价值阶梯的最高层级是塑造未来。在这个层级，企业已不再满足于当下的防御、成本和利润这些考量，而是关心企业甚至整个行业8—10年之后的走向。企业是否可以持续地保持高速增长？所处行业是否会被新技术颠覆？地缘政治对市场拓展和技术转移会有什么影响？企业如何在政治、社会、经济和技术的大趋势中"下注"不同可能性并推动有利于自身的可能性发生？这些都是价值阶梯最高层企业所考虑的问题。诚然，中国科创领域依然面对许多卡脖子技术，在诸如量子计算、基因编辑、新能源（如氢能、固态电池）、新材料（如纳米材料、半导体材料、碳纤维复合材料、高性能聚合物）等领域都还落后于世界第一梯队。但是，中国的国家政策和科创企业的追求已经不再满足于跟随和改进，华为、中兴、Oppo等企业在6G领域积极布局专利并参与行业标准的制定，本源量子在美国、日本、加拿大等国际巨头云集的量子计算领域开辟了自己的一片天地，阿里巴巴和腾讯在区块链领域的专利布局也在全球领先。

7.3 优化科创企业的全球知识产权产业链布局

通过知识产权塑造未来,也对科创企业提出了更高的要求,尤其要求企业具备在更大的市场层面上布局知识产权的能力。2020年10月举行的中国共产党第十九届五中全会提出:"加快构建以国内大循环为主体、国内国际双循环相互促进的新发展格局",意味着过去靠国际市场外循环来拉动中国经济的格局将逐步转变,"双循环"经济的发展需要科创企业的管理者提前对其全球的知识产权产业链进行布局。

本书提出,科创企业的管理者可以从目标市场和技术提升来源两个维度来思考其全球的知识产权产业链布局(图7-4)。这一方面是因为知识产权的排他性是科创企业开拓市场的"矛"和"盾",它对企业衡量应该进入什么样的目标市场发挥着举足轻重的作用。同时,不断升级技术水平、增强知识产权储备是科创企业持续发展的根本保障。

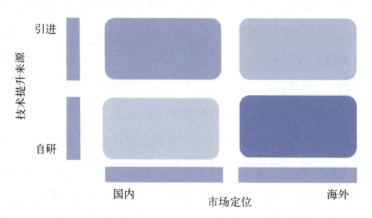

图7-4 科创企业制定全球知识产权布局的思维框架

例如,把海外市场作为全球市场布局重要一环的科创企业,当前不得不考虑地缘政治的冲击和知识产权区域性的影响(图7-5)。首先,中国企业在进入发达经济体市场时一般更多地考虑侵权风险,而在发展中经济体市场中更多地要预防被侵权。其次,各个经济体大板块之内也有区别,比如,美国政府和企业会利用实体清单、301条款、337条款等手段阻击中国科创企业拓展美国市场,专利主张实体(Patent Assertion Entity,PAE)在美国也非常活跃,不时给中国科创企业进入美国市场带来麻烦(科创企业可以考虑加入类似非营利组织 LOT Network 等联盟,对 PAE 进行防御);而欧洲统一专利和欧洲统一专利法院的推出对侵权禁令和专利无效判决的涵盖范围、对 PAE 的吸引力,都会有不可忽视的影响。另外,从表 7-1 可以看出,来自中国的实体(大多为企业)在美国的专利布局是在欧洲布局的 4 倍以上,面对中美之间的科技和贸易摩擦,中国科创企业是否应该思考对在美国和欧洲的知识产权布局进行"再平衡"呢?

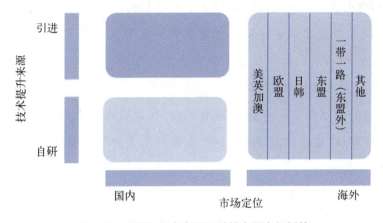

图 7-5　科创企业出海所面对的主要市场板块

东盟 10 国自 2020 年起超越欧盟,成为中国最大的进出口贸易伙伴,美国位列第三。中国对东盟、欧盟和美国的贸易均是顺差,随着美国和欧盟收紧对华贸易政策,不少中国科创企业开始计划拓展东盟市场。需要注意的是,在美国商务部下属的全球创新政策中心(Global Innovation Policy Center)2021 年发布的全球知识产权指标(Global IP Index)中,除新加坡外,东盟其他国家的知识产权指标均低于中国,特别是在执法层面更为缺失。另外,"一带一路"是中国的长期发展战略,沿途 65 个国家与中国的贸易额占中国对外总贸易额的比例逐年上升,2021 年已接近 30%,具有长期发展的潜力。但是,除东盟和印度之外,"一带一路"沿途单个国家的购买力还相对较弱,大多数国家的知识产权环境还有待改善,中国科创企业需要预防知识产权被侵权的风险。

同时,一些科创企业在过去主打海外市场,并依靠海外合作伙伴应对知识产权纠纷、品牌建设等产业链环节。如果这些企业因为不可控因素而失去海外市场，被迫"挥师"国内市场，反而可能对知识产权的运营和管理感到陌生，因此更需要未雨绸缪，提前做好国内市场的知识产权布局。

> **微案例** 科奇公司在海外技术并购中的知识产权困局

科奇是一家机器人企业，为弥补技术短板并购了意大利M公司，初衷是想通过技术并购缩短研发时间，抓住机会把握行业的风口，但在并购后的知识产权转让和技术消化过程中遇到了意想不到的难题，让人深思。

考虑到公司在全球中高端汽车焊装方面的短板，科奇总经理黎强和团队经过反复讨论，决定耗资2 000万欧元全资收购一家中高端汽车柔性焊装系统提供商——意大利M公司。对于股东关注的并购之后的技术转移，黎强认为有三个利好条件让科奇有效地掌握对方的技术：首先，都是同行，已经有了技术基础；其次，双方进行利益绑定——收购完毕之后，外方股东在中国可以与科奇共同孵化项目，拥有股权；最后，双方约定"一手交钱一手交货"，并制定了周密的技术"传帮带"计划。

当这笔交易顺利完成后，意大利M公司如约把相关技术图纸和所有的设计文档移交给科奇公司，但此后没多久，意外发生了。M公司和许多意大利公司类似，采用双层董事会结构，一层是负责管理的董事会（consiglio di gestione），另一层是负责监察的董事会（consiglio di sorveglianza），后者负责监督股东是否侵占公司利益与合法经营等。在科奇完成收购后，M公司的监察董事会提出：虽然科奇是股东，拥有M公司的全部知识产权，但根据意大利的税务要求，如果将M公司的知识产权转移到中国，需要对这部分发生转移的知识产权单独评估并缴税。最终，经过意大利当地第三方评估的知识产权转移定价为1 100万欧元，由科奇公司向M公司支付。

技术提升的来源是科创企业全球知识产权布局的另一个关键元素，也是企业可持续发展的保障。除去自主研发之外，初创型的科技企业可以考虑引进外部科技成果，通过消化吸收和二次开发，快速提升企业的市场拓展能力。以上案例中所描述的科创板上市企业科奇（化名）就是通过并购意大利先进技术提供商，弥补技术差距,抢占行业风口,从而在工业机器人行业开辟了自己的一片天地。当前,受美国对中国科技产业的打压,中国科创企业从美国引进先进技术的空间也被压缩。有趣的是,表7-2显示了欧洲实体在中国的专利布局占其全球布局的22.7%,远超美国、日本和韩国在中国市场的专利布局比例。这既说明欧洲企业对中国市场的重视和依赖,也为中国企业从欧洲引进技术提供了想象空间。

图7-6希望从定性的角度帮助科创企业家思考技术升级的来源,到底是从国内高校和科研院所引进,还是通过发达国家的先进企业和研究机构、行业专利池引进技术来源,来全面提升自己的技术能力。

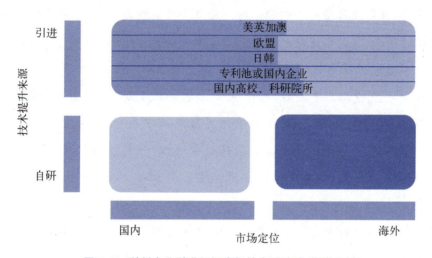

图7-6　科创企业引进知识产权的主要地域/渠道分解

在此需要说明的是,图7-5和图7-6列出的全球主要市场板块和技术提升来源更多的是为了给中国科创企业的管理者提供一个梳理全球知识产权战略的实用框架,而不是进行具体战术层面的指导(比如,以色列在一些高科技领域就是一个很好的技术引进来源,但未在图中体现)。以上分析的重要目的是提醒中国科创企业不断优化全球的知识产权布局,从而在当今充满不确定因素的环境下,最大限度地拓展全球市场,从多渠道获得创新成果,从而推动企业可持续发展。

微案例　　华为创新研究计划

华为从创立开始就坚信向外部学习的理念,并将其付诸行动,这在中国科创企业中是不多见的。华为与上下游企业、大学和研究机构结成长期合作关系,互通有无。有些人可能会说,华为公司大、资源多,它的经验很难复制。其实不然,华为和外部机构的许多合作项目都是在它还没有成为"巨无霸"时就启动了的,包括华为创新研究计划(Huawei Innovation and Research Program,HIRP)。

华为创新研究计划的雏形始于1999年,采取公开和邀请的方式与全球大学和研究机构展开合作。合作的方向85%左右由华为提出,而这些方向是华为根据科技发展的大趋势、客户需求和自身在研发中遇到的瓶颈综合评定,这样就保证了这些合作项目的目的性非常明确。同时,华为特别关注自身是否有解决相关问题的技术能力,以及商业目标是否明确。对那些自身技术能力不强,商业目标也不太明确的前瞻性项目,华为则充分利用外部力量来带动自身的进步。

这些项目经专家审核通过后,由专人负责管理和跟踪,在结项之后还要进行复盘。项目一般持续2年左右,每个项目的资金在3万—7万美元,因项目产生的专利等知识产权根据具体情况归华为所有或双方共有,整个流程是一套非常严谨的系统工程。也正是因为这个项目的系统性,一些华为创新研究计划的成果被纳入相关行业标准,甚至被授权为标准必要专利(Standard Essential Patent,SEP)。

华为创新研究计划在华为还是一个中等规模的企业时就启动了,这是一种前瞻性和开放性的表现,也收到了非常好的效果,值得中国科创企业学习和借鉴。

管理赋能

在地缘政治影响力凸显、国际竞争极速加剧、科技成果日新月异的今天,中国的企业和企业家们已经被推到了知识产权竞争的最前沿。因此,我们对中国科创企业提出了更高的要求,我们希望未来科创企业的知识产权管理水平能符合国家当前从重"量"向重"质"转化的趋势;我们希望科创企业的知识产权管理能不断进阶,直到走向价值阶梯的顶峰;我们也希望科创企业能具备全球知识产权管理的能力,在技术能力提升和目标市场覆盖上都能进行合理的布局。

管理学大师彼得·德鲁克说过:"预见未来的最好方式就是去创造未来",中国科创企业肩负着引领新一轮科技革命、让知识产权积极塑造美好未来的时代使命。

本书为企业家们介绍了"知识产权管理的价值阶梯"在中国科创界的运用,为企业如何循序渐进地从防御布局到塑造未来,充分释放知识产权的多重价值提供了更多的思考。

讨论案例

锐发的联合实验室模式[①]

在国家科创战略的大背景下,越来越多来自科研院所的具有专业技术知识的科研人员加入了创业大潮,苏州锐发打印技术有限公司的创始人谢永林就是其中一位。本案例着重探讨技术人员辞职创业后,如何妥善地使用和处理在原单位生成的知识产权,以及在创业之后的联合研发中规范各方的知识产权权属和权益。

谢永林早年毕业于北京大学物理系,后赴美国留学,相继在施乐、柯达等公司的研发部门担任首席科学家。2013年,谢永林回国进入中科院苏州纳米研究所工作,这一年年底创立了苏州锐发打印技术有限公司。

考虑到公司在人才、资金、设备等方面资源有限,谢永林推动锐发与中科院苏州纳米研究所、姑苏实验室分别成立联合实验室进行技术研发。截至2021年年底,锐发累计申请101项专利,其中有63项已授权,绝大部分是发明专利。公司先后被评为"江苏省科技型中小企业""江苏省民营科技企业",2018年被认定为国家高新技术企业。在获得一系列发明专利和业界领先的技术后,谢永林迫切希望公司在科创板上市,从而主动迎接中国的数字化制造带来的巨大产业机会。

但和几家券商代表接触后,他发现这些投行专家们在对锐发取得的专利赞赏有加时,又对联合实验室模式下的专利权属表达了担忧,这让谢永林不得不反思联合实验室的风险和解决办法。

[①] 本案例由复旦大学管理学院案例研究员张洁友根据企业调研和公开资料撰写。案例仅作为教学和研究资料在课堂讨论中使用,不代表对本案例所含相关内容的认可,不作为原始数据的来源,也不暗示某种管理方法或策略一定有效或一定无效。
© 本案例的版权归属复旦大学管理学院所有,未经许可,不得以任何方式复印、抄袭、存储、传播和出售本案例的任何部分,也不得制作成其他形式的版本。如需取得使用授权,请致电 021-25011399,25011388,或邮件联系:case@fdsm.fudan.edu.cn。

创业背景

谢永林曾先后在美国的施乐、柯达工作,让他印象最为深刻的是,这两家公司无一例外都非常注重技术创新以及知识产权。

在施乐公司工作时,谢永林发现一个令人吃惊的现象,研发队伍中竟然不乏持有一百项甚至两百项发明专利的技术牛人。柯达研发部门也是如此,胶卷、数码相机和OLED(有机电激光显示)都是其影响全球消费领域的代表作。后来,柯达胶卷主营业务没落,开始变卖各种资产,但知识产权最为亮眼,最后在大约1 100项数字成像与图像处理的专利出售时,苹果、谷歌、微软争先恐后,以5.25亿美元成交,使柯达在关键时刻"缓了一口气"。

在这种工作环境中耳濡目染的谢永林,对知识产权的价值深有体会,这也影响到他对创业的思考。"锐发作为初创企业,尤其是处于高科技行业中,需要做两件事情:第一,要有一条护城河,形成竞争优势。如果你做的东西别人很容易模仿,那就完全没有抵抗能力,实际上也不可能赚钱。第二,要考虑知识产权。我们这个行业不是全新的行业,很多都是建立在前人发明的基础上进行创新,怎么样能够绕过国外这些专利,必须对这些专利非常了解"。

谢永林介绍,在喷墨打印头领域,国际厂商对外严格封锁,导致国内企业在实现自主知识产权的打印设备制造和开发过程中遇到重重阻碍:首先是选择有限,只能使用国外限定的喷墨打印头;其次,如果遇到外方限售,则不得不通过购买整机,再进行解密、改装的方法进行开发;最后,在使用过程中,一旦出现喷墨质量下降或无法喷射的情况,只能被迫更换整个喷墨打印头相关系统部件,成本高昂,也难以提高打印质量。

为解决这些技术难题,锐发分别与中科院苏州纳米研究所、姑苏实验室成立了联合实验室,重点研究和开发超高密度宽幅热汽泡MEMS喷墨打印头、高分辨率压电喷墨打印头和高速连续喷墨打印头。目前,锐发的热汽泡喷墨和压电喷墨打印头已经进入产业化生产阶段,正在紧锣密鼓地建设国内第一条MEMS喷头生产线,年产20 000个喷头。锐发的技术与产品主要服务数字化制造,面向图文印刷、办公印刷、纺织数码印花、3D打印、印刷电子等多个领域。

与中科院纳米所的合作

合作过程

谢永林进入中科院苏州纳米研究所(以下简称纳米所)工作后,建立了中国第一个喷墨打印技术研发开放实验室，配备了国际领先的研发设备，例如，其特有的多功能高速墨滴观测仪，是其他同类测试设备效率的1 000倍以上。

在喷墨打印技术研发项目团队的基础上，谢永林创立了独立运作的锐发公司，随后与纳米所共同建立联合实验室，致力于国际领先的喷墨打印头技术的研发创新，提升喷墨打印头的开发和生产能力。同时，锐发还与纳米所联合举办喷墨数码制造与3D打印国际会议，发起成立喷墨数码制造创新产业联盟等，引起国内外科技界与工业界的广泛关注，也让锐发的品牌被打印设备商及终端应用领域厂商所熟悉。

"成立锐发的同时，我还在中科院工作，所以涉及职务发明，解决方案就是花钱把我们的职务发明转移到公司，2018年已经做过一次了。"谢永林说，技术转移对锐发的未来非常重要，中科院作为研究机构也需要成果转化，这是双方合作的基础。最近，双方正在启动第二批技术转移工作。

联合实验室通过协议方式，由锐发提出需求，纳米所负责研发，技术成果双方按照各50%共享。如果专利转移到第三方，锐发同样享受50%的利益分成。

合作痛点

谢永林发现这种模式给企业带来一些风险。"如果专利没经过我们同意，转到其他地方去了，这很容易失控。"谢永林决定用"买断"另外50%所有权的方式解决这个问题，第一批专利锐发花了210余万元（总价420余万元），第二批则提高到600万元。

现在这些专利的所有权都归属锐发，但又带来一个新的问题，即随着锐发的发展，专利费水涨船高。通常，中科院这样的事业单位在出售专利时都会走一个招标与公示流程，但谢永林觉得国内这方面还不够市场化，仍是以协商价为准："如果你刚开始注册公司，专利费会比较低，但如果你的公司给人感觉做得有声有色，又有融资，可能会面对很高的价格，这中间的差价可达好几倍。"

也有一些企业拿不出钱就用公司的部分股份换取专利，但谢永林明确表示不会采用这种方式。在刚成立锐发时，他就不想在股权上有任何牵绊，主要还是基于双方机制的差别：锐发要按照市场化方式经营，需要快速应对变化才能生存发展；纳米所是一个事业单位，决策流程比较复杂，很容易导致业务停滞不前。

但只要合作继续，锐发面临的专利收费就会越来越高。

与姑苏实验室的合作

合作模式

姑苏实验室创立于2020年,位于苏州工业园区,以材料科学领域中的国家重大战略需求、江苏经济发展重大需求以及未来科技革命的前沿技术为三大重点,建成具有国际领先水平的材料研发等公共平台。

谢永林看好姑苏实验室这种商业模式创新,他认为与纳米所相比,除了人才、设备这些共同优势外,与姑苏实验室成立联合实验室还有两大好处:一是能够着眼于有市场应用价值的需求开展研究,研发内容由企业主导;二是苏州实验室可以按1∶1配比投资,减少企业的一次性投入。比如锐发首期投入500万元,苏州实验室配比投入500万元,联合实验室就有1 000万元启动资金。以上资金专款专用,进入联合实验室的研发账户,与此相关的所有开支(如设备采购、人员费用、材料费用)都从中支出。联合实验室项目经理由锐发员工担任,研发小组成员来自姑苏实验室,由该项目经理和姑苏实验室共同面试产生。

联合实验室产生的论文双方共同署名,专利共同拥有。考虑到对科研成果的转化落地诉求,如果锐发将来在产品中有专利体现,姑苏实验室提前免费出让其50%的专利所有权,相当于锐发零花费买断另一半的专利权。如果该专利未在锐发的产品中实施,联合实验室可以通过市场定价卖给第三方实施,然后锐发和姑苏实验室各按50%分享收益。

合作风险

对谢永林来说,与姑苏实验室的合作是一项创新尝试。目前,双方都把精力放在成果产出方面,没有产生大的分歧和矛盾。但券商代表听了他的介绍后,认为这种合作存在两个"硬伤"。

第一个"硬伤"关系到知识产权归属问题。券商代表认为,姑苏实验室虽然眼下为了尽快促成产业转化,让锐发零花费获得专利所有权,但万一后面变换管理层,不承认这种"前置销售"怎么办?毕竟,姑苏实验室属于地方国资,管理层会定期变更,该模式又没有先例可循。

第二个"硬伤"关系到财务费用核算问题。锐发在联合实验室首期投入500万元,如果以5年为期就是2 500万元,这对锐发来说是100%的研发投入。但券商代表指出,虽然这笔研发经费无误,但联合实验室研发小组成员的工资并不是锐发直接支付,而是来自联合实验室专用账户,造成研发成果、研发投入与研发人员身份的不匹配,在企业上市时会受到发审委员会的质疑。

结束语

听了券商代表的反馈,谢永林觉得这些风险确实存在,但似乎目前也没有更好的办法,他唯一确定的是,这些做法不存在法律问题。

如果说与纳米所的合作,知识产权的不确定性受制于专利授权费用的话,那么与姑苏实验室的合作,其不确定性还关系到组织、财务等更复杂的因素。谢永林在心里琢磨,有没有两全其美的办法解决这些问题。

"对我们来说这种合作利大于弊,企业在现阶段资源有限,我们就是把有限的资源放大,不管人员、资金、设备都是如此。"他又补充道,"当然,我们也可以拒绝合作,那些疑问和风险也就没有了,但公司的发展就会慢很多。"

 案例思考题

1. 企业如何避免因职务发明而引起的知识产权纠纷?
2. 锐发与中科院苏州纳米所及姑苏实验室在知识产权方面的合作方式有何异同?
3. 对于锐发与姑苏实验室存在的风险,该如何应对?

附　录

1. 锐发大事记

2013年,苏州锐发打印技术有限公司成立,同年,中科院纳米所团队完成热气泡喷头芯片研发,实现墨滴喷射。

2014年,完成科研级热气泡喷头工艺优化和中试,获"苏州纳米科技专项"和"姑苏领军人才计划"支持。

2015年,与中科院苏州纳米所合作成立喷墨3D打印联合研发实验室,完成科研级热气泡喷头及科研级喷墨3D打印机产品开发,实现科研级压电喷头墨滴喷射,获"苏州工业园区领军人才计划"支持,获得天使投资。

2016年,开始科研级热气泡喷头及科研级喷墨3D打印机的生产和销售,完成工业级热气泡喷头中试,完成高分辨率压电喷头开发和测试,获得"江苏省科技型中小企业"称号。

2017年,开始科研级压电喷头的生产和销售,开始工业级热气泡喷头规模生产和销售,完成工业级压电喷头中试,获得"江苏省民营科技企业"称号。

2018年,锐发自有产线建立,公司乔迁新厂;成功申报并成为高企培育入库企业,同年,成功获得"江苏省高新技术企业"称号。

2019年,完成A轮融资。

资料来源:企业提供.

2. 喷墨打印头技术路径及代表品牌

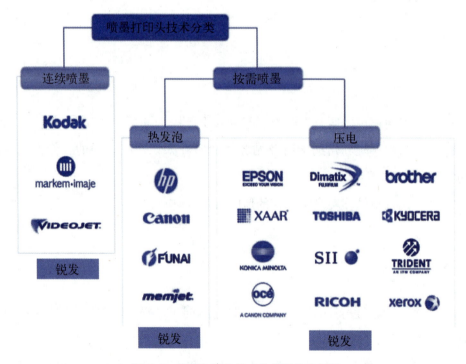

图 7-7　喷墨打印头技术路径及代表品牌

资料来源:企业提供.

3. 锐发联合实验室概貌

(1) 与姑苏实验室合作的联合实验室

表面张力仪

示波器、电压放大器、函数发生器

洁净工作台

超纯水机

点胶机

退火炉

电热鼓风干燥箱

图 7-8 与姑苏实验室合作的联合实验室

（2）与中科院纳米所合作的联合实验室

粉末粘结技术设备

喷墨技术设备（光敏树脂材料应用）

喷墨技术设备（中温蜡材料应用）

CubX打印机

光固化成型机

JetXpert墨滴飞行测试设备

图 7-9　与中科院纳米所合作的联合实验室

资料来源：企业提供．

4. 联合实验室研发项目规划（2021—2025）

图 7-10　联合实验室研发项目规划（2021—2025）

资料来源：企业提供．

结束语

2021年11月,英国知名独立第三方品牌价值评估和咨询机构 Brand Finance 发布《2021年全球无形资产报告》。报告显示,25年前全球无形资产约为6万亿美元,而今天这个数字增长到74万亿美元。尽管2020年初爆发了全球范围的新冠肺炎疫情,但仍然无法阻挡科技巨头无形资产的增长。报告显示,微软超越苹果、亚马逊等知名科技企业,一举成为世界上无形资产价值最高的公司,其无形资产价值接近2万亿美元。因新冠肺炎疫情而造成的城市静默期间,微软的核心技术产品并未受到任何影响,相反,其旗下的远程办公产品收入等得到迅速增长。

在国家倡导科创战略的背景下,创新已经成为企业最核心的竞争力,对知识产权的保护和运营,就是对企业创新的保护和价值实现,它也将得到前所未有的顶层重视与资源倾斜。中国知识产权管理的"拐点"已经到来,科创企业不仅需要重视创新技术的投入,更应该科学化地管理和运营这些技术成果,利用知识产权的保护机制来实现科技成果的价值最大化。从源头起,做好核心技术的研发工作;当科技成果出现时,做好科技成果向知识产权的转化;通过企业各部门的合力(从管理者到执行层),实现知识产权的有效运营,最终得到知识产权带来的理想收益。

在当前百年不遇的大变局中,中国的科创企业正面临着巨大的挑战和机遇。一方面,地缘政治和全球市场需求变化多端,充满不确定因素;另一方面,以科技创新为基础的知识产权强国战略已把科创企业推至时代的聚光灯下。我们坚信,通过优化知识产权价值实现闭环,充分发挥知识产权价值矩阵所描述的多重价值,主动积极地构建富有韧性的全球知识产权产业链布局,中国的科创企业一定会在创新和可持续发展的道路上越走越远。

主要参考文献

1. 周辉.产品研发管理：构建世界一流的产品研发管理体系[M].2 版.北京：电子工业出版社,2020.

2. [日]青木昌彦,安藤晴彦.模块时代：新产业结构的本质[M].周国荣译.上海：上海远东出版社,2003.

3. 张煜,龙勇.技术集成下模块化产品创新实现路径研究[J].科技进步与对策,2018,35(13)：110-117.

4. [美]克莱顿·克里斯坦森,[美]迈克尔·雷纳.创新者的解答（全新修订版）[M].李瑜偲等译.北京：中信出版社,2013.

5. 吴贵生,王毅.技术创新管理[M].3 版.北京：清华大学出版社,2013.

6. [加]罗伯特·库珀.新产品开发流程管理：以市场为驱动[M].5 版.刘立等译.北京：电子工业出版社,2019.

7. 侯剑华,柏丹.战略新兴技术研究导论[M].北京：科学出版社,2018.

8. [美]乔治·S. 戴伊.沃顿商学院创新课：凭借创新实力获得加速增长[M].刘文琴译.北京：中国青年出版社,2014.

图书在版编目(CIP)数据

科创企业知识产权战略与管理:CXO 的知识产权指南/王雷等著. —上海:复旦大学出版社,2023.12
ISBN 978-7-309-16746-7

Ⅰ.①科… Ⅱ.①王… Ⅲ.①高技术企业-知识产权-战略管理-中国-高等学校-教材 Ⅳ.①D923.404

中国国家版本馆 CIP 数据核字(2023)第 018815 号

科创企业知识产权战略与管理:CXO 的知识产权指南
KECHUANG QIYE ZHISHI CHANQUAN ZHANLVE YU GUANLI
王 雷等 著
责任编辑/郭 峰

复旦大学出版社有限公司出版发行
上海市国权路 579 号 邮编:200433
网址:fupnet@fudanpress.com http://www.fudanpress.com
门市零售:86-21-65102580 团体订购:86-21-65104505
出版部电话:86-21-65642845
浙江临安曙光印务有限公司

开本 787 毫米×1092 毫米 1/16 印张 11.75 字数 190 千字
2023 年 12 月第 1 版第 1 次印刷

ISBN 978-7-309-16746-7/D·1152
定价:58.00 元

如有印装质量问题,请向复旦大学出版社有限公司出版部调换。
版权所有 侵权必究